HÄDECKE

KULTUR UND GENUSS

SCHOKOLADE

Süßes Gold

BIRGIT DAMER
MIT FOTOS VON ELMAR SCHWARZE

Impressum

Bildnachweis
Alle Fotos © Elmar Schwarze, außer:
Daniel Lama, für Max Felchlin AG
(S. 11, 17)
Fairtrade (S. 11, 17, 22)
Josef Zotter (S. 17)
Alois Gölles Essigmanufaktur (S. 69)
Portrait, Mark Boettcher (S. 72)
Portrait, Florian Bolk (S. 78)
Portrait, Holger Widera (S. 84)
Ferran Adrià/elBulli (S. 92/93)

Layout: Annette Conradt
Redaktion und Bildrecherche: Pierre Boom
Lektorat: Monika Graff

Weil der Stadt
www.haedecke-verlag.de
4 3 2 1 | 2010 2009 2008 2007

Gesamtherstellung: Westermann, Zwickau
Printed in Germany 2007
ISBN 978-3-7750-0459-6

Textnachweis
„Dekaden über die Neue Welt“,
von Petrus Martyr von Anghiera,
Wissenschaftliche Buchgesellschaft, 1973

„Abhandlung über den Gebrauch
und Missbrauch von Schokolade“,
von Giovanni Battista Anfossi

„Kakao“, von Jorge Amado,
Amandus Verlag, Wien, 1951

„Bittersüße Schokolade“,
von Laura Esquivel, aus dem Spanischen
von Petra Strien, © der deutschen Ausgabe
Suhrkamp Verlag, Frankfurt a. M., 1994

„Chocolat“, von Joanne Harris, © der
deutschen Ausgabe Ullstein Buchverlage
GmbH, Berlin

„Mein Leben als Entdecker“, von Roald
Amundsen, Leipzig, 1929

Inhalt

1

Gold & Schokolade

Gold und Schokolade

Zwischen Gold und Schokolade gibt es mehr als eine Gemeinsamkeit. Beide wurden als Zahlungsmittel benutzt und in Barrenform gepresst. So bezeichnet der englische Begriff „bar" auch heute noch Goldbarren und Schokoladenriegel gleichermaßen. Schokolade ist wie Gold in verschiedenen Reinheitsgraden und Mischungsverhältnissen erhältlich. Sie wird bevorzugt in goldglänzenden Metallfolien verpackt oder als Praline mit Blattgold belegt, um deren mühevolle Herstellung zu unterstreichen.

Verführerisch und berauschend wirkten beide Rohstoffe im Laufe der Zeit auf die Menschen. Sie haben bis heute nichts von ihrer Faszination verloren. Auch die Geschichte der Schokolade ist eng verknüpft mit der des Goldes. Als Christoph Kolumbus 1502 die ersten Kakaobohnen nach Europa brachte, hatte er weder deren Wert noch deren Geschmack entdeckt. Auf den Reisen in die Neue Welt suchte er nach den Werten der Alten Welt: nach Gold, das dort in großen Mengen vermutet und tatsächlich gefunden wurde. Für die Ureinwohner Südamerikas dagegen war Gold ein Material, um Schmuck und Kultgegenstände herzustellen. Als wertvoll und Geschenk der Götter aber galt die Frucht des Baumes „Cacahuatl", von deren Aussprache „Kakawa" sich das Wort Kakao herleitet. Die Samen der getrockneten und gerösteten Kakaofrucht wurden auf einem erhitzten Stein, dem „Metate", aufgebrochen und zermahlen. Den so entstandenen Brei kochte man mit Wasser auf, um ihn – mit Maismehl, Chili und Vanille gewürzt – in einem hohen Gefäß schaumig aufzuschlagen. Dieser Trank, „Xocoatl" genannt, war ein Grundnahrungsmittel von hohem Nährwert. Seine mühsame Zubereitungsart war Teil einer Zeremonie, die dem Gott des Kakaos und der Kaufleute „Chak ek Chuah" gewidmet war.

Während der Aztekenherrschaft wurde mit Kakaobohnen in eigenen Währungseinheiten (1 Canasta = 1.600 Kakaobohnen) und streng unterschiedenen Qualitätsstufen gehandelt. Ein Sklave besaß den Wert von einhundert Kakaobohnen, die Dienste einer Prostituierten entsprachen einem Zehntel davon, eine Tomate schließlich bekam man

für eine Bohne. Mit diesem Zahlungsmittel mussten auch die jährlichen Abgaben an den Kaiser entrichtet werden und so ist es nicht verwunderlich, dass sogar gefälschte Kakaobohnen aus Ton oder minderwertigere bemalte Pflanzensamen als Falschgeld in Umlauf gebracht wurden.

Das Wort Schokolade stammt von dem Wort „xoco" für bitter, die Endung „atl" bedeutet Wasser – ein bitteres Wasser, welches von den Azteken nur mit Agavensaft oder wildem Bienenhonig gesüßt werden konnte. Für rituelle Zwecke wurde dieser Trank auch mit gemahlenen Annattosamen versetzt, die dem Getränk eine blutrote Färbung gaben und heute noch Bestandteil vieler mexikanischer Gewürzpasten sind. Die roten, reifen Kakaofrüchte symbolisierten dabei, als Opfergabe, Herz und Hirn eines Menschen. Die lang gestreckte Form der Kakaofrucht wiederum erinnerte die spanischen Eroberer an die Kopfform der Azteken, die durch das Aufbinden eines flachen Steins auf die Fontanelle der Neugeborenen entstand. Sie nannten die Früchte „Cabosse", eine Verballhornung des spanischen Wortes für Kopf, „Cabeza". Der Kakao als Frucht und Ware galt als entdeckt, doch erst mit der zweiten Welle der Eroberung Mexikos durch Hernán Cortés sollte der „Trank der Götter" nach Europa gelangen.

Als Cortés 1519 vor der Küste Yucatans im heutigen Mexiko landete, profitierte er von der Existenz einer Legende. Kaiser Montezuma sah in seiner Ankunft die für jenes Jahr prophezeite Inkarnation des Gottes Quetzalcóatl. Er ließ ihm die Gottesgabe „Xocoatl" in goldenen Gefäßen reichen und überhäufte ihn mit Geschenken, darunter sogar eine Kakaoplantage. Seinen Irrtum und die Schuld am Untergang des Aztekenreiches musste Montezuma mit dem Leben bezahlen. Sein Volk steinigte ihn dafür. Hernán Cortés dagegen vermehrte rasch den Anbau des so genannten braunen Goldes und trieb damit das aztekische Zahlungsmittel in die Inflation. Im Jahr 1536 wurde die Kakaobohne vom spanischen Peso abgelöst. Von da an eroberte sie Europa als kostbares Gewürz und Getränk. Der Siegeszug der Schokolade konnte beginnen.

SCHOKOLADEN-MANUFAKTUR

Kakao-Getränk und Kakao-Geld

Aus „Dekaden über die Neue Welt“, von Petrus Martyr von Anghiera, spanischer Geschichtsschreiber (1457-1526)

„Beachtenswert noch, welch beglückendes Zahlungsmittel bei jenen Völkern im Umlauf ist. Sie haben nämlich ein Geld, das ich deshalb beglückend nenne, weil die Menschen aus Verlangen nach seinem Besitz weder das Erdinnere aufreißen noch aus gierigem Geiz oder aus Angst vor drohenden Kriegen es wieder im Erdboden verstecken können wie Gold und Silber. Dies Zahlungsmittel ist Frucht eines Baumes.

Dieser Baum trägt Früchte, die kleinen Mandeln ähnlich sind. Frisch gepflückt schmecken sie bitter und sind deshalb nicht genießbar. Aber man kann aus ihnen einen angenehmen Trank für reiche und vornehme Leute herstellen, nur muss man die Bohnen erst trocknen und sie dann zu einer Art Mehl zerreiben. Zur Frühstücks- oder Essenszeit nehmen die Diener Krüge, Kannen oder andere Gefäße, füllen das notwendige Wasser hinein und geben von jenem mehligen Pulver soviel hinzu, wie man für eine bestimmte Menge des Getränks braucht. Dann gießen sie diese Mischung von oben herab, soweit sie die Arme heben können, aus einem Gefäß in ein anderes; dabei lassen sie sie so langsam nach unten rinnen, wie Regen das Wasser herabtropft.

Das Getränk schmeckt süß und wirkt kaum berauschend; vielleicht mag es dem, der übermäßig davon trinkt, etwas den Kopf benebeln, wie es der Duft unserer Weine tut.“

Mythen

Einer Legende der Tolteken zufolge hat Quetzalcoatl, dessen Name „gefiederte Schlange" bedeutet, die Kakaosamen aus dem Paradiesgarten gestohlen, wo er einst über die Kinder des Sonnengottes wachte. Wie Prometheus das Feuer, so brachte Quetzalcoatl den Geist und Körper nährenden Kakao zu den Menschen und lehrte sie die Künste des Ackerbaus, der Astronomie und der Medizin. Er wurde als Gott verehrt und herrschte über das ganze aztekische Reich.

Der Zauberer Tezcatlipoca beneidete den Herrscher und schenkte ihm einen Spiegel, in dem er sich als normaler Sterblicher erkannte. In wütender Raserei berauschte Quetzalcoatl sich mit dem Kakaotrunk und beging Inzest mit seiner Schwester. Am Morgen erwachte er voll Scham über seine Tat. Er bestieg ein Floß aus Schlangenkörpern, wandte sich gen Osten und versprach, einst unter dem Zeichen der Morgenröte zu erscheinen, um seine Herrschaft wieder aufzunehmen und dem Land Frieden und Glück zurück zu bringen. Eine weitere aztekische Legende erzählt die Geschichte einer Prinzessin, deren Obhut ein großer Schatz anvertraut war, während ihr Mann in der Ferne die Grenzen des Reiches verteidigte. In seiner Abwesenheit wurde sie von Feinden angegriffen, doch selbst unter der Folter gab sie das geheime Versteck des Schatzes nicht preis. Über ihr Schweigen erzürnt, töteten die Soldaten die Prinzessin. Die Kakaopflanze spross aus ihrem Blut, und seither heißt es, dass die Frucht in ihren Samen einen großen Schatz verbirgt – bitter wie Liebesleid, stark wie die Tugend und rot wie Blut.

„Götter genießen Ambrosia;
Menschen Schokolade;
Längeres Leben verleih'n beide,
den Göttern und uns."

Aus „Abhandlung über den Gebrauch und Missbrauch von Schokolade", 1775, von Giovanni Battista Anfossi, Mediziner und Wissenschaftler, Venedig

Rausch
Echte Plantagenschokoladen aus den besten
GRAND CRU

Flora

Theobroma Cacao, Speise der Götter, so nannte Carl von Linné den Kakaobaum in Anlehnung an die indianische Legende. Als Gottesgabe musste er dem Wissenschaftler auch erschienen sein, denn eine Kakaoanpflanzung lässt in ihrer farbigen Vielfalt an das Paradies denken. Allein die Eigenart der Kakaofrüchte, direkt dem Stamm und dicken Ästen zu entwachsen, Kauliflorie genannt, ist eine botanische Besonderheit, von der zum Beispiel der Blumenkohl (engl. Cauliflower) seinen Namen hat, obwohl dieser kein wirklicher Stammblütler ist.

Schatten und Wasser braucht der Kakaobaum, um zu gedeihen, deshalb wird eine Kakaoplantage immer an einen verwilderten Garten erinnern. Unter Bananenblättern, Yuccapalmen, Paradiesfeigen und Mangos können sich die jungen Kakaopflanzen am besten entwickeln. Diese Schattenspender sind wichtig für die Plantagenbesitzer, denn der Kakao beginnt erst nach vier bis fünf Jahren Früchte zu tragen und wäre als Monokultur stark anfällig für Krankheiten. Nach zwei bis vier Jahren wachsen die ersten orchideenartigen Blüten in üppigen Büscheln. Sie können rosafarben oder von gelblichem Weiß sein. Ihre fünf Blütenblätter erinnern an Tomatenblüten, die sie in ihrer Größe kaum übertreffen. Da der Baum nur ein schwaches Holz bildet, entspringen sie direkt dem Mutterstamm und den stabilen Seitenästen, wo sich später Blüten und Früchte zur selben Zeit entwickeln.

Der Kakaobaum gehört zur Familie der Malvengewächse, einer Unterklasse der Rosidae (Rosenähnlichen). Er kennt, wie viele tropische Pflanzen, keinen Fruchtwechsel. Nur wenige der abertausend Blüten würden in der Natur durch Insektenbestäubung zur Frucht reifen. Deshalb müssen sie mit feinen Pinseln bestäubt werden, um den Jahresertrag von zirka fünfzig Kakaofrüchten pro Baum zu sichern. Nach etwa fünf Monaten sind die Fruchtknoten zu länglichen grünen, gelben oder roten Früchten herangewachsen, die in dieser Vielfarbigkeit an ein und demselben Baum vorkommen können und keinen wirklichen Reifegrad anzeigen. Jede einzelne Frucht muss deshalb beobachtet und im Moment der Reife mit Klingen, die an langen Stecken befestigt sind, vom Stamm

geschnitten werden, denn der Mutterbaum lässt seine Früchte nicht herabfallen. Die Früchte werden entweder sofort aufgeschlagen oder zu einem Farmhaus transportiert, um sie zu öffnen. Bis zu 50 Samen sind in einer Frucht enthalten, von denen später rund 40 benötigt werden, um eine Tafel Schokolade herzustellen.

Wenn die bohnenförmigen Samen aus dem weißen Fruchtfleisch herausgelöst sind, werden sie auf Bananenblätter oder in Holzkisten gelegt, wo sie die nächste Stufe ihrer Verwandlung erwartet. Bis zu diesem Zeitpunkt hat der Kakao schon so viel Handarbeit erfahren, dass es nicht verwunderlich ist, warum er lange Zeit als Kostbarkeit galt.

„Er sah diese schwarze Erde, diesen besten Boden der Welt für Kakao. Er sah nicht mehr den blitzdurchzuckten Wald vor sich, voll von fremdartigen Stimmen, sah nicht mehr die hundertjährigen Bäume, um die sich die Lianen schlangen, die Zuflucht der Raubtiere und Gespenster.
Bebautes Land sah er vor sich, gleichmäßige Reihen von Kakaobäumen, mit reifen, goldenen Früchten beladen. Wo früher Wald gewesen war, sah er Pflanzungen stehen. Ein herrlicher Anblick. Nichts Schöneres auf der Welt als eine Kakaopflanzung.“

Aus „Kakao", 1943,
von Jorge Amado,
brasilianischer
Schriftsteller

Chili-Rosen-Schokolade

Rezept für vier Personen

Rosenblütengelee

Wildrosen oder
unbehandelte Freilandrosen
0,75 l Roséwein
1 Zitrone
300 g Gelierzucker 3:1

Einen mittleren Kochtopf voll Rosen sammeln. Den weißen Blütenansatz entfernen, da dort die Bitterstoffe sitzen. Den Wein mit dem Saft einer Zitrone zum Kochen bringen, vom Feuer nehmen und die Rosenblätter hineingeben. Eine Viertelstunde lang ziehen lassen, bis die Blätter Geschmack, Duft und Farbe abgegeben haben. Dann mit Gelierzucker einkochen und in Gläser abfüllen.

Rosenschaum

50 g Rosenblütengelee
1 cl Rosenwasser
150 ml Sahne

Rosenblütengelee und Rosenwasser unter die geschlagene Sahne heben oder in einem Sahnesiphon aufschäumen.

Schokolade

1 Tafel dunkle Chili-Schokolade
150 ml Milch
2 cl alter Balsamico oder
Crema di Balsamico
Rosa Pfeffer

In einem Topf die Schokolade in kleinen Stücken in der Milch schmelzen lassen. Den Balsamico hinzufügen und aufschlagen. Das Getränk in ein Glas geben und mit dem Rosenschaum bedecken. Nach Wunsch etwas rosa Pfeffer auf den Schaum geben und sofort servieren.

Zum Verwandeln der Schokolade in eine feste Crème, die Milch durch eine Mischung aus Portwein und Hagebuttenmark ersetzen, kalt stellen und den Schaum erst kurz vor dem Servieren dazugeben.

Weinempfehlungen

Zur Schokolade:
2000 Gewürztraminer Sonnenglanz Vendages Tardives, Domaine Bott-Geyl, Elsass, Frankreich

Zur Crème:
2004 Vintage Port, Quinta do Vale Meao, Portugal

Vielfalt

Der Kakao hat seinen Ursprung im Gebiet zwischen dem oberen Orinoco und dem Amazonasbecken. Er verbreitete sich von da aus im südamerikanischen Raum bis nach Afrika, wobei sich durch gezielten Anbau, Kreuzung oder regionale Gegebenheiten schnell unterschiedliche Sorten entwickelten, so dass man heute die genaue Urform schwer bestimmen kann. Die beiden wichtigsten Kakaosorten sind der Edelkakao „Criollo" (spanisch: der Einheimische) und der aus einer unkultivierten Wildform hervorgegangene Konsumkakao „Forastero".

Criollo-Kakao findet man fast nur in Venezuela, vereinzelt wird er auch auf Java oder Madagaskar angebaut. Während der Criollo ein feines Aroma besitzt, welches für die Herstellung von Edelschokoladen benötigt wird, ist der Forastero eine robuste und vor allem ertragreiche Kakaobohne, die neunzig Prozent des weltweiten Handels bestimmt. Forastero bedeutet „Fremdling", er wächst im Gegensatz zum Criollo schneller und anspruchsloser, zeigt jedoch deutlich flachere Geschmackseigenschaften. Man versuchte durch zahlreiche Kreuzungen, den Ertrag des Forastero mit dem Geschmack des Criollo zu verbinden, was beim Kakao durch das Aufpfropfen von Stecklingen möglich ist.

Deshalb gibt es heute unzählige Hybridformen oder Untersorten. Die älteste Kreuzung ist der „Trinitario", benannt nach seinem ursprünglichen Anbaugebiet Trinidad. Diese geschmacksintensive Kakaosorte wird heute ebenso auf der Karibikinsel Grenada, auf Papua-Neuguinea wie auf Madagaskar angebaut. Es gibt auch Forastero-Kakao, der sehr aromatisch sein kann, wie in Ghana oder auf der afrikanischen Insel São Tomé. Der seltene, ausschließlich in Ekuador beheimatete Forastero „Nacional" mit seiner Untersorte „Arriba" kann ein blumiges Aroma entwickeln. Seine Bohnen dürfen jedoch nur kurz fermentiert werden. Grundsätzlich hat sich das Mikroklima einer Insel oder eines schwer zugänglichen Gebietes für die Entwicklung und den Erhalt einer Kakaosorte meist günstig ausgewirkt. Es hat manche Sorten sogar vor dem Aussterben bewahrt. Da der Kakao in den tropischen Regionen zu beiden Seiten des Äquators günstige Wachstumsbedin-

gungen findet, gibt es seit Beginn des 19. Jahrhunderts auch Plantagen in Afrika, Asien und Ozeanien, wobei der größte Teil der heutigen Konsumkakaoproduktion von der Elfenbeinküste und aus Brasilien stammt.

Alle Kakaosorten und Untersorten werden durch spezielle Namen klassifiziert. Die Bezeichnung wird dabei oft durch das Aussehen der Früchte geprägt. So gibt es den „Porcelana", der in seiner Musterung an chinesisches Porzellan erinnert, den melonenförmigen „Amelonado" oder den „Calabacillo", welcher Ähnlichkeiten mit einem Kürbis aufweist. Klangvolle Namen wie Aragua, Choroni, Chuao, Guasare oder Ocumare bezeichnen meistens das Dorf oder Flusstal, in dem sich die Plantage befindet. Der Zusatz einer Zahl, z.B. „Ocumare 67", steht dabei für die genetische Zusammenführung aus der Vielfalt von Kakaosorten eines Anbaugebietes und ist in diesem Fall ein Hybrid aus Criollo und Trinitario. Der Criollo ist nach wie vor die aromatischste, aber auch krankheitsanfälligste Kakaobohne. Durch wiederholte Epidemien, Schädlingsbefall und verstärkte Klimaschwankungen kam es im zwanzigsten Jahrhundert fast zum Aussterben dieses geschmacksintensiven Kakaos, der heute dank internationaler Pflanzensamenbanken geschützt ist und dessen genetisches Potential in Zuchtexperimenten erforscht wird.

Manchmal werden durch moderne Forschungsmethoden auch unbekannte Kakaosorten entdeckt. In den venezuelanischen Anden fand man eine Urform des Kakaos, wegen seiner deutlich sichtbaren Segmente „Theobroma Pentagona" genannt, der Aufschluss über die Entwicklung der ursprünglichen Pflanze geben kann. Eine Art „Missing Link" in der Geschichte des Kakaos. Spektakulär war auch die Entdeckung von wildem Criollo-Kakao im bolivianischen Regenwald. Da die zufällig gereiften Früchte nur mühsam geerntet werden können, ist der Ertrag entsprechend klein, die weitere Entwicklung ungewiss, der Geschmack jedoch außergewöhnlich.

Verwandlung

Für die Ureinwohner des Regenwaldes hatte zunächst nur das süße Fruchtfleisch des Kakaos einen geschmacklichen Reiz, die Samen wurden zur Aussaat benutzt. Die Entdeckung der wertvollen Nährstoffe in der Bohne selbst wird zufällig geschehen sein, als eine gegorene Saat im Feuer getrocknet und dann gegessen wurde.

Die ausgelösten Kakaobohnen werden mit Blättern bedeckt, um sie durch Wärme und Feuchtigkeit zur Gärung anzuregen. Ohne diesen natürlichen Prozess, Fermentation genannt, könnte sich der Schokoladengeschmack nicht entfalten. Der Zucker aus dem Fruchtmus wird zu Essig vergoren, dringt in den Kern ein und tötet den Keimling ab. Eine einfache Form der Konservierung, die außerdem eine Fülle von Enzymen freisetzt und die vorherrschend bitteren Geschmacksnoten in typische Kakaoaromen umwandelt. Je nach Kakaosorte dauert dieser Vorgang zwischen achtundvierzig Stunden bei den Criollo-Bohnen und einer Woche beim Forastero-Kakao. Eine falsche Gärzeit oder eine gemeinsame Fermentierung unterschiedlicher Bohnen könnten dabei die Qualität jeder einzelnen Sorte verderben.

Nach der Fermentation muss der Kakao getrocknet werden, denn er besteht zur Hälfte aus Wasser. Dies geschieht auf Bastmatten unter tropischer Sonne und dauert je nach Witterung und Kakaosorte ein bis zwei Wochen. Der getrocknete Rohkakao hat nur noch die Hälfte seines Gewichts, wenn er zum Weiterverarbeiten in alle Welt verschickt wird. Eine ideal fermentierte und getrocknete Bohne besitzt einen festen, tiefbraunen Kern und duftet schon nach dem Aufbrechen intensiv nach Schokolade. Schlecht fermentierte Bohnen sind dagegen weich, eingefallen und lilafarben bis weißlich verdorben. In der Schokoladenfabrik werden deshalb verschiedene Qualitätstests durchgeführt, bevor die Kakaobohnen geröstet werden. Auch hier braucht der Criollo weniger Zeit und Hitze als der Forastero. Bei Temperaturen von 110 bis 130 Grad Celsius lösen sich im Laufe von zehn bis zwanzig Minuten die harten Schalen vom Kern der Bohne. Die Aromen und Geschmacksnuancen der Schokolade bilden sich aus. Wenn der Kakao in Walzanlagen gebrochen und weiter vermahlen wird, entsteht eine breiige Masse, die als Rohstoff immer noch der alten mexikanischen Schokoladenzubereitung entspricht.

Eine Schokolade wie nirgendwo sonst ...

Aus „Bittersüße Schokolade", 1989, von Laura Esquivel, mexikanische Schriftstellerin

„Zu Hause wurde eine Schokolade gekocht wie nirgendwo sonst, denn hier wurde jeder einzelne Handgriff mit äußerster Hingabe vollzogen, angefangen bei der Schokoladenherstellung bis hin zum Aufschlagen der Schokolade, wobei eine weitere elementare Grundregel zu beachten ist:

Man setzt einen Schokoladentaler mit etwas Wasser aufs Feuer. Es muss ein wenig mehr Wasser sein, als die Schale fassen kann, in der die Schokolade später serviert wird. Sobald das Wasser zu kochen beginnt, nimmt man es vom Feuer, lässt die Schokolade darin schmelzen und rührt dann so lange mit einem Holzquirl, bis sie sich ganz im Wasser aufgelöst hat. Sodann setzt man die Schokolade abermals aufs Feuer. Wenn sie von neuem kocht und aufzusteigen beginnt, nimmt man sie wieder von der Kochstelle, setzt sie dann ein drittes Mal auf und lässt sie nochmals aufkochen. Danach wird sie endgültig heruntergenommen und schließlich aufgeschlagen. Eine Hälfte wird in die Schale gegossen, die andere muss abermals aufgeschlagen werden.

Dann reicht man die ganze Schokolade mit einer Schaumkrone. Bei jedem Schluck, den Gertrudis aus der Schokoladentasse tat, die vor ihr stand, schloss sie verzückt die Augen. Das Leben wäre um so vieles angenehmer, könnte man sich die einmaligen Geschmacksnuancen und Düfte aus dem Elternhaus überallhin mitnehmen."

Eroberung

Kakao war als „Trank der Götter und Könige" nach Spanien gekommen. Diese Wertschätzung hat besonders den Spanischen Adel fasziniert. Schokolade wurde ausschließlich als Getränk zubereitet. Man schäumte sie mit Wasser und Gewürzen auf, wie man es am Hofe Montezumas kennen gelernt hatte. Durch Zusatz von Rohrzucker, dessen Verwendung ebenfalls der höfischen Küche vorbehalten blieb, wurde der Kakao zu einem Modegetränk, das einen gesellschaftlichen Status symbolisierte.

Selbst die Kirche, die dem neuen Getränk kritisch gegenüberstand, erlaubte seit 1569 den Verzehr von Schokolade als Fastenspeise. Ähnlich wie bei den Genussmitteln Wein und Bier wurde in manchen Klöstern die Zubereitung der Kakaomasse kultiviert. Schokoladenstuben, so genannte „Chocolaterias", boten den ganzen Tag über frisch zubereiteten Kakao an. Das traditionelle Aufschäumen mit einem Holzquirl wurde bald durch die Verwendung von speziellen Kännchen mit eingearbeitetem Quirl und vergoldeten Porzellantassen ersetzt. Nicht nur der kostbare Rohstoff, auch seine Darreichungsform wurde verfeinert. Man mischte den Kakao mit seltenen Gewürzen, um den eigenen Wohlstand zu unterstreichen. Neue Rezepte mit exotischen Zutaten wie Ambra, Moschus, Rosenwasser oder Jasminblüten entstanden und mit ihnen der Ruf von Schokolade als Aphrodisiakum.

Die Leidenschaft für Schokolade verbreitete sich rasch in Europa, wenngleich die Spanier noch fast ein Jahrhundert lang das Monopol sowie das Geheimnis um Rohstoff und Herstellung verteidigten. Die erhöhte Nachfrage nach den edlen Kakaobohnen konnte durch die ursprünglichen Anbaugebiete in Mittelamerika nicht mehr befriedigt werden. Die Pflanzungen waren überwirtschaftet, Missernten und Epidemien machten den Kakao rar und teuer. Um neue Plantagen zu erschließen, unternahmen die spanischen Großmächte Reisen ins innere Amazonasbecken und entdeckten dort die wild wachsende Forastero-Pflanze. Durch ihren gezielten Anbau und diverse Kreuzungen wurde der Kakaohandel in den spanischen Kolonien vorangetrieben, um den Bedarf der europäischen Welt nach ihrem Lieblingsgetränk Kakao zu decken.

Mitte des 17. Jahrhunderts verlor Spanien sein Handelsmonopol und bald wurden auch in Italien, England und Frankreich die ersten Schokoladenstuben eröffnet. Man trank den Kakao nun nicht nur gesüßt, sondern auch mit Milch oder sogar Eiern vermischt. Während in England die „Chocolate Houses“ einen verwegenen Ruf von Laster und politischer Verschwörung hatten, waren manche Pariser „Chocolateries“ zugleich pharmazeutische Betriebe. Schon Marie-Antoinette ließ sich bei den auf Schokolade spezialisierten Apothekern Debauve & Gallais Kakaopastillen in Hostienform pressen. So kann man sie auch heute noch dort kaufen: als „pistole“ (Pastille) oder als „tablette“, dem Schokoladentäfelchen.

„Es ist ein alchemistisches Vergnügen, die matte Kuvertüre in das Narrengold zu verwandeln, eine Art laienhafter Zauber, der meiner Mutter gefallen hätte. Bei der Arbeit denke ich an nichts, atme tief und ruhig. Die Fenster stehen offen, doch die Hitze der Öfen, die kupfernen Kasserollen, aus denen der Dampf der schmelzenden Schokolade aufsteigt, halten mich warm. Das Duftgemisch aus Kakao, Vanille, heißem Kupfer und Zimt ist sinnlich und berauschend; es erinnert mich an den schwülen, erdigen Geruch in den süd- und mittelamerikanischen Regenwäldern. Dies ist heute meine Art zu reisen, nach Art der Azteken mit ihren heiligen Ritualen; Mexiko, Venezuela, Kolumbien. Der Hof von Montezuma, Coréz und Kolumbus. Die Speisen sieden und blubbern in geweihten Kelchen. Das bittere Elixier des Lebens.“

Aus „Chocolat“, 1997, von Joanne Harris, englische Schriftstellerin

Schokoladenravioli salzig oder süß mit Orangensauce

Rezept für vier Personen

Ravioli

200 g fein gemahlener Hartweizengrieß
2 Eier, 50 g Kakaopulver ungesüßt,
1 El Arganenöl, 1 Prise Salz
1 verquirltes Ei zum Bestreichen

Füllung, salzig

80 g Krebsfleisch, 1 Tl Kokosraspel
1 Tl Molepulver
1 Tl geriebener Ingwer (vgl. S. 97)
1 El Krebsbutter
1 El Doppelrahmfrischkäse

Füllung, süß

80 g Marzipan, 1 Tl Kokosraspel
1 Tl geriebene weiße Schokolade
1 Tl geriebener kandierter Ingwer
1 El Butter
1 El Doppelrahmfrischkäse

Sauce, salzig

24 Kumquats, 1 El Kokoscrème
1 El Krebsbutter
4 cl Noilly Prat, 4 Sternanis
Salz, Zucker, Chilipulver zum Abschmecken
Süßes oder Thai-Basilikum zum Dekorieren

Sauce, süß

24 Kumquats, 1 El Butter
1 El Orangenmarmelade, süß
4 cl Grand Marnier
1 Zimtstange, Zucker
Piment d'Espelette zum Abschmecken
Apfel- oder Nanaminze zum Dekorieren

Für den Teig alle Zutaten miteinender verkneten und 1 Stunde zugedeckt ruhen lassen. Dann den Teig ausrollen und mit einer Nudelmaschine dünne Teigplatten herstellen. Eine Hälfte der Teigplatte in eine Ravioliform legen und ein Häufchen von der gut vermengten Füllung eindrücken. Die Ränder mit dem verquirlten Ei einstreichen, die zweite Teigplatte auflegen und überrollen bzw. die Ränder mit einem Messer trennen.

Für die Saucen Kokoscrème oder Butter in der Pfanne erhitzen und die geviertelten, entkernten Kumquats darin dünsten. Mit Noilly Prat bzw. Grand Marnier ablöschen. Die salzige Sauce mit der Krebsbutter, die süße Variante mit Marmelade und jeweils den Gewürzen einkochen und entsprechend abschmecken.

Die Ravioli in Salz- oder Zuckerwasser kochen, auf Tellern anrichten und mit Basilikum bzw. Minze garniert servieren.

Weinempfehlungen

Zu Schokoladenravioli salzig:
2006 Grüner Veltliner Alte Reben, Weingut Markowitsch, Carnuntum, Österreich

Zu Schokoladenravioli süß:
2002 Scheurebe Trockenbeerenauslese „Zwischen den Seen", Weingut Alois Kracher, Österreich

Alchemie

Der Kakao, den man heute kennt, ist nicht zu vergleichen mit dem Getränk, das einst in Schokoladenhäusern serviert wurde. Der starke Fettgehalt und die schlechte Verarbeitungsqualität der Kakaobohnen trübten den Genuss. Deshalb waren die ersten Schokoladenhersteller gleichzeitig Erfinder und Wissenschaftler, denn sie mussten die Eigenschaften der Schokolade verstehen, um sie zu verbessern.

Bis zu Beginn des 19. Jahrhunderts stellte man in den ersten Schokoladenfabriken noch einfache Presskuchen mit hohem Kakaobutteranteil her. Die gerösteten Kakaobohnen wurden dafür auf erwärmten Steinen gemahlen, ähnlich dem Metate-Verfahren der Azteken. Erst der Holländer Conrad Johannes van Houten entwickelte 1828 eine hydraulische Presse, die es ermöglichte, das Fett von der Kakaomasse zu trennen. Durch den hohen Druck wurde Wärme freigesetzt und die flüssige Kakaobutter konnte abfließen, was den Fettanteil von 53% auf 27% senkte. Da die entstandene, pulverisierte Masse noch nicht optimal wasserlöslich war, fügte er alkalische Salze wie Natrium- und Kaliumkarbonat hinzu. Dieses Verfahren, auch „Dutching" genannt, führte zu einem Kakaopulver, mit dem man sogar backen konnte. Die Schweizer François Louis Cailler und Phillip Suchard gaben dieser Kakaomasse einen Teil der gereinigten Kakaobutter zurück, süßten sie mit Zucker und brachten so die erste feste Schokolade auf den Markt.

Mit der Herstellung des Milchpulvers („Nestlé Kindermehl") durch die Firma Nestlé konnte die Schokolade mit Milch angereichert werden, ohne deren Haltbarkeit herabzusetzen. Diese erste, um 1875 entstandene Milchschokolade hatte dann auch die sanfte Schokoladenfarbe, die man heute kennt. Um die Kakaoteilchen noch feiner zu zerkleinern, werden sie zunächst im „Melangeur" mit den übrigen Zutaten wie Zucker, Kakaobutter und Sojalecithin – bei Milchschokolade auch Milchpulver – vermischt. Das Feinwalzen der Masse auf bis zu 0,0016 mm Partikelgröße bestimmt den Schmelz und das spätere Mundgefühl einer Schokolade. Die wichtigste Erfindung in der Schokoladenverarbeitung bleibt jedoch die des so genannten Conchierens. Die gemahlene und entfettete Kakaomasse wird anschließend in eine Maschine gefüllt, deren ovale Form an

auf Durc
stark
schwach
Exhausto

eine Muschel (spanisch: „concha“) erinnert. In den Conchen wird die Masse nicht durch Rotation, sondern durch eine Art Wälzen und Walken, ähnlich dem Kneten eines Brotteiges, in Bewegung gesetzt und erwärmt. Zusätzliche Reibungswärme entsteht, wenn sich die Kakaoteilchen berühren und dabei noch feiner abschleifen. Bis zu 72 Stunden dauert dieser Vorgang, den 1879 der Schweizer Roderich Lindt entdeckt hatte, als er, zumindest der Erzählung nach, eines Abends vergaß, seine Maschinen abzuschalten.

Das Conchieren kann so unterschiedliche Aromen freisetzen, dass beispielsweise die Schweizer Firma Felchlin, einer der exklusivsten Hersteller von Schokoladengrundmasse, an Chocolatiers in aller Welt gleiche Schokoladenmischungen mit unterschiedlichen Conchierzeiten liefert. Durch das Conchieren wird die Schokolade belüftet und zur Reaktion mit Sauerstoff angeregt; unerwünschte Flüssigkeiten, wie z.B. Essigsäure, werden entzogen. Feste und flüssige Bestandteile wandeln sich dank des Emulgators Lecithin in eine stabile Emulsion um. Noch komplexere chemische Reaktionen finden während der anschließenden Abkühlungsphase statt, weil sich Kristalle bilden, welche die Schokolade glashart oder butterweich machen.

Ähnlich wie beim Kohlenstoff, der als weicher Bleistift oder harter Diamant existiert, kann auch Schokolade unterschiedliche Kristallformen ausbilden – die erwünschten liegen im Temperaturbereich von 28 bis 33 Grad Celsius. Deshalb wird die Schokolade kurz vor dem Gießen in ihre endgültige Form noch einmal auf diese Temperatur erhitzt und dann schnell abgekühlt. So bleibt sie fest und appetitlich glänzend. Das rege Kristallwachstum kann man übrigens selbst beobachten, wenn Schokolade nach der Verarbeitung zu warm gelagert wird. Die Kakaobutterkristalle wandern bereits bei Zimmertemperatur an die Oberfläche, wo sie als weißer Belag, auch „Kakaoreif“ genannt, sichtbar werden. Deshalb sollte man Schokolade, ähnlich wie Wein, stets bei Temperaturen zwischen 12 und 18 Grad Celsius aufbewahren.

2

Weltreise

Schokolade wird auf der ganzen Welt geliebt. In den letzten zweihundert Jahren hat sich vor allem in Europa eine Vielzahl von Schokoladenspezialitäten entwickelt. Durch Geschmack und Konsistenz unterscheiden sie sich bis heute in den einzelnen Ländern. Auch wenn die Geschichten ihrer ursprünglichen Entstehung längst in Vergessenheit geraten sind.

Schweiz

„Schoggi" wird die Schokolade liebevoll in der Schweiz genannt. Es ist nicht nur das Land der Milchprodukte und lila Kühe, sondern auch das mit dem höchsten Schokoladenverbrauch von 10,2 Kilogramm jährlich pro Einwohner. Seit der Schweizer Daniel Peter 1878 die erste Milchschokoladentafel auf der Pariser Weltausstellung präsentierte, gilt die Schweiz als Wegbereiter der industriellen Schokoladenherstellung. Es ist daher nicht verwunderlich, dass sich ein großer Teil der marktführenden Firmen hier niedergelassen hat.

Schweizer Schokoladenprodukte sind weltberühmt. Man denke nur an die Firma Suchard mit ihrer Milka-Schokolade, die seit 1901 im lila Papier verkauft wird. Heute gehört Suchard ebenso zu den Multi-Konzernen wie das Unternehmen Lindt oder die Nestlé-Gruppe mit den Traditionsfirmen Frigor und Cailler. Bekannt für feine Pralinen- und Schokoladenspezialitäten ist die Zürcher Confiserie Sprüngli. Ihre von Hand gefertigten Wildkakao-Trüffel werden nur in limitierter Menge hergestellt. Eine weitere Traditionsmarke, die weltweit als Symbol für die Schweiz gilt, ist „Toblerone". Jean Tobler hatte das Rezept für die Mandelnougatfüllung („Torrone") von Italien nach Bern gebracht, wo die Schokolade auch heute noch ausschließlich produziert wird. Seit 1908 blieben Verpackung, Format und Logo unverändert. Die berühmte Dreiecksform steht dabei für ein Schweizer Naturdenkmal, das Matterhorn.

Österreich

Der Erfinder der Sachertorte, Franz Sacher, benutzte 1832 das neu entwickelte Kakaopulver für seinen raffinierten Schokoladenkuchen, der dem Fürsten von Metternich

gewidmet war. Bis heute wird das Originalrezept, das eine Marillenkonfitürenfüllung enthält, von seinen Nachkommen streng gehütet und wurde in einem Rechtsstreit gegen die Konkurrenzfirma Demel erfolgreich verteidigt. Die Einflüsse des multikulturellen Erbes von König- und Kaiserreich haben die österreichische Küche geprägt. Ein wichtiger Bestandteil sind Süßspeisen, Patisserie und Pralinen. Nicht wegzudenken aus der Kaffeehauskultur sind die Mohrenköpfe und pistazienmarzipangefüllten Mozartkugeln der Salzburger Firma Mirabell.

Der gelernte Koch und Chocolatier Josef Zotter aus der Steiermark hat sich auf eine pralinenartig gefüllte Tafelschokolade spezialisiert, welche aufwendig in Handarbeit geschichtet wird. Überraschende Kombinationen, wie z.B. Schokolade mit Bergkäse, Speckgrieben oder anderen einheimischen Produkten, stehen dabei im Vordergrund. Auch auf die biologisch kontrollierte Herkunft der Zutaten wird bei der Firma Zotter streng geachtet. In einer Art gläserner Produktionshalle können Besucher alle Arbeitsgänge der Schokoladenherstellung beobachten.

Italien

Schokoladenverliebt sind die Italiener, seit Casanova den Genuss von Schokolade und ihre aphrodisierende Wirkung gepriesen hat. Als durch die napoleonischen Kriege eine Verknappung der Kakaomasse eintrat, machte der Turiner Chocolatier Isidore Caffarel 1826 die Erfindung einer Schokoladen-Nuss-Mischung, welche er „Gianduja“ nannte. Gian de la Duja war eine beliebte Karnevalsfigur, die als betrunkener, dreispitztragender Bauer eine Persiflage auf Napoleon darstellte. Der Gianduja-Nougat, eine Mischung von jeweils gleichen Teilen Nuss-, Zucker- und Kakaomasse, wurde zunächst auch in Dreiecksform produziert, als ironischer Seitenhieb auf die politische Fremdbestimmung. Die Turiner Spezialität, Schokolade mit Mandeln oder Haselnüssen zu verbinden, ist heute in vereinfachter Form als Nutella-Brotaufstrich bekannt.

Auch Ferrero-Küsschen, Mon Chérie-Kirschen oder die Baci („Küsse“) der Firma Perugina, die mit einer Botschaft umwickelt zum Kaffee gereicht werden, zeugen von der Liebe Italiens zur Schokolade. Selbst Tiramisu oder Cappuccino sind ohne Schokoladenstaub undenkbar. Junge, moderne Unternehmen wie Amedei aus der Toskana kreieren ihre

Schokolade wie einen guten Wein aus sortenreinem Anbau. Der Firma Domori ist es sogar gelungen, eine Schokolade mit 100 Prozent Kakaogehalt ohne den Zusatz von Sojalecithin herzustellen.

Belgien

Belgische Schokolade verbindet sich mit dem Gedanken an Pralinenschachteln, denn die Tradition der Pralinenherstellung stammt aus Brüssel. Den belgischen Begriff „Praline" führte im Jahr 1912 der Chocolatier Jean Neuhaus ein, als er eine Schokoladencreme mit Kuvertüre überzog. Nach der „Pralinage", dem Umhüllen von Setzlingen mit Erde, soll er seine Kreation benannt haben. Eine klassische, belgische Pralinenspezialität sind „Manons", mit Crème-fraîche-Masse gefüllt und weißer Kuvertüre überzogen, vor allem für den weiblichen Schokoladengeschmack kreiert. Sie verdanken ihre Bezeichnung der Romanfigur Manon Lescaut und der gleichnamigen Oper von Jules Massenet. Belgische Pralinen sind der Rezeptur nach süßer und cremiger als die im übrigen Europa. Die bekanntesten Marken sind Neuhaus, Godiva und Leonidas. Der Chocolatier Pierre Marcolini stellt für seine exklusiven Pralinen sogar eine eigene Kuvertüre her, deren Kakao er von kleinen Plantagen aus Java oder Madagaskar bezieht. Die Firma Dolfin hat sich auf die Mischung von dunkler Schokolade mit Gewürzen wie Zimt, rosa Pfeffer oder Curry spezialisiert. Einer der bedeutendsten Lieferanten von Kuvertüre und Kakaomassen stammt ebenfalls aus Belgien. Dem Familienunternehmen Callebaut gelang es schon 1911, flüssige Schokolade in Tankwagen, wie Benzin oder Öl, zu transportieren. Aus dem Zusammenschluss mit dem Unternehmen Barry entstand 1995 die Firma Barry-Callebaut, heute ein internationaler Konzern, der weltweit Schokoladenhersteller mit Kakaoprodukten versorgt.

Frankreich

Den raffinierten Rezepturen französischer Köche verdanken wir die Entdeckung von vielen Schokoladenspezialitäten. So ist zum Beispiel das französische Praliné eine Erfindung, die auf den Koch des Comte de Praslin, Minister des Sonnenkönigs, zurückgeht. Es handelt sich streng genommen um eine Masse aus Nüssen, nichtkaramellisiertem Zucker und Schokolade, die auch heute noch in den Rhône-Alpen hergestellt wird. Eine andere Spezialität, die „Ganache" (französisch: Unfähigkeit, Dummheit), entstand

der Anekdote nach, als ein Küchenjunge aus Versehen heiße Milch in einen Kessel mit geschmolzener Schokolade schüttete. Um sein Missgeschick zu verbergen, rührte er beständig in der Schüssel beide Zutaten zusammen und schuf so eine schnittfeste Schokoladencreme. Paris ist die elegante Heimat der französischen Kakaokultur: berühmte Schokoladenhäuser wie Fouquet, Debauve & Gallais und La Marquise de Sévigné sind dort ebenso zu finden wie exklusive Chocolatiers. Auf einer Fachmesse für Schokolade, dem „Salon du Chocolat", wird sogar jedes Jahr der „World Chocolate Masters" Wettbewerb ausgetragen, eine Herausforderung für Köche und Patissiers.

Die französische Traditionsfirma Bonnat brachte bereits 1984 die erste „Grand Cru" genannte Schokolade eines Herkunftsgebietes auf den Markt. Diesem Beispiel folgte 1985 das Unternehmen Valrhona, bekannt als einer der größten Lieferanten von Qualitätskuvertüre und Schokolade für die Gastronomie.

Spanien

Schokolade wurde in Spanien meist als Trinkschokolade genossen, dafür fuhren so genannte Chocolateros durchs Land und bereiteten das Kakaopulver frisch zu. Eine andere Verwendung von Schokolade entstand in der Verarbeitung mit einheimischen Mandeln als „Turrón" – ein beliebtes Urlaubssouvenir, welches unter anderem von der Firma Valor hergestellt wird. Die heimliche Hauptstadt der Schokolade ist jedoch Barcelona. Dort, wo auch kreative Köche ihr Domizil haben, hat sich 1999 das Unternehmen Cacao Sampaka niedergelassen. Der Name „Sampaka" leitet sich ab von einer hauseigenen rekultivierten Kakaoplantage in Äquatorialguinea. Extravagante Kreationen dieser Firma verbinden zum Beispiel Schokolade mit Anchovis, Oliven oder Balsamico.

Die Liebe zur katalanischen Kultur spiegeln die Produkte des „Schokoladendesigners" Enric Rovira wieder. Er prägt seine Tafelschokoladen im Muster alter Pflastersteine oder Mosaikfliesen. Rovira gilt als einer der innovativsten Chocolatiers der Welt. Seine Ideen reichen von einem Pralinenplanetarium bis zum Schokoladenparfüm. Sehr traditionell arbeitet dagegen die kleine Manufaktur Blanxart. Sie röstet und mahlt ihre Kakaobohnen noch selbst und überzieht mit der hauseigenen Schokolade auch Nüsse und Trockenfrüchte. Die älteste Schokoladenfirma Chocovic aus dem Umland von Barcelona

RÄUCHERWAREN
TRÜFFEL

stellt seit 1872 hochwertige Schokoladen mit sehr feiner Textur her. Ihre Schokolade „Origin Único" aus den Kakaobohnen eines Ursprungsgebietes wird bevorzugt in der spanischen Spitzengastronomie verwendet und ist auch für Nussallergiker verträglich.

England

Englische Schokoladen unterscheiden sich in ihrer Herstellung von denen im übrigen Europa. Die Kakaomasse wird meist etwas gröber vermahlen, wodurch die Schokolade schneller schmilzt und einen weicheren Bruch besitzt. Sie hat außerdem einen höheren Fett- und Zuckeranteil und somit geringeren Kakaogehalt. Dies ist vielleicht auf die Vorliebe der Engländer für karamellgefüllte Schokoladenriegel und „Fudges" zurückzuführen, denn typisch englische Produkte sind Mars-Riegel und Quality-Street-Bonbons. Manche Firmen, wie zum Beispiel Cadbury, benutzen zur Herstellung von Milchschokolade Kondensmilch, um der Schokolade einen Karamellgeschmack zu verleihen.

Eine Walzmaschine für Tafelschokoladen wurde schon 1847 in Bristol von dem Apotheker Joseph Fry erfunden. 1866 stellte die Firma Fry & Sons den ersten „Chocolate Cream Bar" her und ebnete den Weg für eine industrielle Schokoladenproduktion, die sich in Amerika fortsetzte. Eine weitere englische Spezialität sind bitterschokoladenumhüllte Pfefferminztäfelchen, hergestellt vom Hoflieferanten Bendicks of Mayfair oder der Firma Rowntree, bekannt als „After Eight". Auch der englische Thronfolger Prinz Charles bietet mit seiner Firma Duchy Originals gefüllte Schokoladen und typisch englisches Gebäck an. Der gesamte Verkaufserlös fließt dabei in Wohltätigkeitsfonds.

Niederlande

Die Vorliebe für Trinkschokolade verdanken die Holländer Conrad Johannes van Houten, der durch die hydraulische Pressung und Alkalisierung neue Verarbeitungsmethoden des Kakaos ermöglichte. Durch das „Dutching" wurde der Kakao wesentlich dunkler, wasserlöslich und damit als Getränk oder als leichter Kuvertüreüberzug verwendbar. Diese Behandlung ist der Grund für die dunkelbraune Farbe der holländischen Schokolade, die sonst einen moderaten Kakaogehalt und eher milden Geschmack hat. Die Niederlande sind auch heute noch eine Weltmacht der Schokoladenherstellung. Der Hafen von Amsterdam ist sogar der größte Umschlagplatz im Kakaotransfer. Bekannte

Hersteller sind neben Van Houten die Firmen Bensdorp für Kakao und Droste mit ihren runden Schokoladenpastillen, die schon seit 1863 in dieser Form angeboten werden. Droste-Kakao war auch einer der ersten niederländischen Exportartikel nach Amerika. Eine besondere Spezialität sind Schokoladenstreusel, „Hagelslag“ genannt, die, auf Butterbrot gestreut, von Kindern und Erwachsenen gleichermaßen gern gegessen werden. Als traditionelle Süßigkeit gelten die Schokoladenbuchstaben der Firma Verkade. Sie werden nur zum Nikolaustag hergestellt. Eltern schenken sie ihren Kindern, Liebespaare beschenken sich gegenseitig mit ihrem Namenszug.

Deutschland

Obwohl schon Goethe die Schokolade liebte und sie seiner verehrten Freundin Ulrike von Levetzow quasi als Edelstein in die Mineraliensammlung legte, fand die Schokoladenherstellung in Deutschland erst relativ spät ihre Verbreitung. Dies liegt zum einen an der mangelnden Rohstoffversorgung während der Napoleonischen Herrschaft, zum anderen an den strengen Zunftgesetzen, die eine Lizenz zur Schokoladenverarbeitung nur wenigen Bäckern und Konditoren gewährte. „Danziger Schokolade“ ist übrigens keine deutsche Schokoladensorte, sondern bedeutet sprichwörtlich Geld. Napoleon überreichte Marschall Lefebvre, nach dem Sieg über Danzig 1807, eine Schachtel Schokolade, in der sich außerdem 300.000 alte Francs befanden, mit den Worten: „Kleine Geschenke erhalten die Freundschaft.“

Als 1868 die Gewerbefreiheit ausgesprochen wurde, gründeten sich rasch die ersten Schokoladenfirmen. Franz Stollwerck stellte 1887 seinen genialen, dem Kölner Dom nachgebildeten Schokoladenautomaten der Öffentlichkeit vor. Eine international bekannte Marke, die „Ritter-Sport-Schokolade“, wurde 1932 von Clara Ritter entwickelt, als sie eine passende Schokoladentafel suchte, um sie in der Tennisjacke zu transportieren. Zu den beliebten deutschen Schokoladenmarken zählen außerdem Feodora, Hachez, Leysieffer und Sarotti. Die Firma Fassbender & Rausch, gegründet 1918 in Berlin, hat in ihrem Schokoladenhaus am Gendarmenmarkt sogar das erste Schokoladenrestaurant eröffnet. Heute werden dort nicht nur Pralinen und edle Schokoladen mit Ursprungsbezeichnung verkauft, sondern auch Menüs zum Thema Schokolade kreiert. Das junge deutsche Schokoladenlabel Coppeneur hat sich ganz der Plantagenschokolade verschrie-

ben, die mit genauen Herkunftsangaben in „Cru de Plantation“, „Cru d'Origine“ und „Cuvée des Origines“ klassifiziert werden.

Übersee

Die traditionelle Kakaozubereitung hat sich im südamerikanischen Raum seit Jahrhunderten kaum verändert. In Mexiko wird Kakao überwiegend als schaumig geschlagenes Getränk genossen. Der Rohstoff dafür wird in festen, runden Barren verkauft, die auch Zucker, Zimt und Mandeln enthalten. Die Firma Ibarra stellt diese in traditioneller runder Form her. Eine weitere kulinarische Spezialität ist „Mole“ – eine Sauce, in der außer Kakao, Chili, Zimt und Anis auch Rosinen, Nüsse und Knoblauch miteinander vermahlen werden. In Brasilien, dem zweitgrößten Kakaoproduzenten der Welt, wird das Fruchtfleisch der Kakaofrucht (Pulpe) zum Herstellen von Erfrischungsgetränken, Gelees oder Alkohol benutzt. Die bekannteste Firma Garoto wurde übrigens 1929 von dem deutschen Einwanderer Heinrich Meyerfreund gegründet.

Amerikanische Konsumschokolade ist, wie die englische, eher süß und weniger kakaohaltig. Die größte nordamerikanische Firma Hershey's wurde 1894 als Karamellfabrik gegründet und produziert ihre „Hershey's Chocolate Bars“ nach Art der englischen Mars-Riegel. Bekannt wurde 1907 eine, den italienischen „Baci“ nachempfundene Schokoladenspezialität namens „Kisses“, die auch optisch der Turiner Variante gleicht. Zum hundertsten Geburtstag der „Hershey Kisses“ wurde im Jahr 2007 von der amerikanischen Post sogar eine eigens entworfene Briefmarke herausgegeben. Eine echt amerikanische Erfindung sind dagegen die mit weißer Crememasse gefüllten Oreo-Schokoladenkekse. Im übertragenen Sinn versteht man unter „Oreo“ jemanden, der sich nach außen anders gibt, als er eigentlich ist, einen Wolf im Schafspelz. An der kalifornischen Westküste hat sich dagegen eine eher mexikanisch geprägte Schokoladenkultur entwickelt. Seit 1856 existiert in der Bay Area von San Francisco die Firma Ghirardelli, die vor allem durch ihre hochprozentigen Schokoladen und Kakaopulver bekannt geworden ist. Nicht weit davon, in der Universitätsstadt Berkeley, wurde 1997 die Firma Scharffen Berger gegründet, die sich durch die Nutzung historischer Conchiergeräte und die Verwendung hochwertiger Kakaobohnen ein ganz eigenes Geschmacksprofil geschaffen hat.

3

Wahlverwandtschaften

Wahlverwandtschaften

Schokolade ist nicht gleich Schokolade. Ihr Geschmack wird von der Herkunft der Kakaobohnen, ihrer Weiterverarbeitung und von den verwendeten Zusatzstoffen beeinflusst. Die Vielfalt ihrer Aromen wurde schon von den Azteken erkannt, die sie mit exotischen Gewürzmischungen veredelt haben.

War die Kakaobutter zunächst nur ein unerwünschtes Nebenprodukt, so sollte sich ihre Eigenschaft, bei einer Körpertemperatur von exakt 37,5 Grad Celsius zu fließen, als interessant erweisen. Sie gibt nicht nur der Schokolade ihren zarten Schmelz, auch die Pharmazie und Kosmetikindustrie nutzen diesen Effekt, um Crèmes und Zäpfchen herzustellen. Kakaobutter ist daher ein relativ teurer und begehrter Rohstoff. Seit 2000 ist es in Europa gesetzlich erlaubt, bis zu fünf Prozent des Kakaobutteranteils einer Schokolade durch minderwertigere Fette wie z.B. Palmöl, Kokosfett oder Ähnliches zu ersetzen. Auch eine verstärkte Beigabe von Sojalecithin, welches wiederum kürzere Conchierzeiten ermöglicht, ist eine gängige Methode, um die Kosten der Schokoladenherstellung zu senken.

Der säuerliche Geschmack billiger Kakaobohnen kann außerdem leicht durch intensiven Zucker- und Vanillezusatz kaschiert werden. Man sollte als Schokoladenliebhaber also Wert auf Herkunft und Verarbeitung der Schokolade legen, denn selbstverständlich sind die geschmacklichen Eigenschaften einer Qualitätsschokolade weit entfernt vom alltäglichen Konsumprodukt. Die Bewahrung von traditionellen, zeitintensiven Anbaumethoden und der Schutz der Artenvielfalt des Kakaos gelingen nur über eine gerechte Entlohnung der Kakaobauern. Hersteller von Qualitätsschokoladen sind deshalb dazu übergegangen, eigene Plantagen zu fördern oder selbst zu betreiben.

Auf einer hochwertigen Schokolade wird heute, neben den Inhaltsstoffen, auch das Anbaugebiet oder die Zusammenstellung der Kakaosorten, der so genannte Blend, angegeben. Obwohl es noch keine international verbindliche Vereinbarung gibt, werden Schokoladen, die sortenrein aus einem gemeinsamen Anbaugebiet hergestellt werden, wie Weine als „Cru“ bezeichnet.

Arznei

Bevor sich die Schokolade zu einer Art Grundnahrungsmittel entwickelte, wurde der kostbare und von seinen Inhaltsstoffen her noch unbekannte Kakao als Medizin verabreicht. Seit dem 18. Jahrhunderts waren es vor allem Apotheker und Ärzte, die sich mit der Wirkung des braunen Goldes befassten. Auch der französische Gastrosoph Brillat-Savarin beschreibt 1826 in seiner „Physiologie des Geschmacks“ heiße Schokolade mit Ambra als aphrodisierendes Stärkungsmittel. Ambra, ein Stoffwechselprodukt des Pottwals, wird heute vor allem zur Parfümherstellung verwendet. Es muss daher mehr positive Geruchs- als Geschmacksreize ausgelöst haben. Eine „Monographie der Schokolade“ wurde 1827 von dem Hofapotheker Antoine Gallais in Paris herausgegeben. Darin empfiehlt er die Mischung von Schokolade mit Heilkräutern als wirksame Arznei gegen Migräne (Orangenblüte), Magenschmerzen (Pfeilwurzel) oder Husten (Island Moos).

Heute weiß man, dass die Wirkung, die der Schokolade zugeschrieben wird, in ihren Inhaltsstoffen liegt. Kakaobohnen bestehen zu 50% aus Kakaobutter, die wiederum reich an ungesättigten Fettsäuren ist. Neben weiteren Bestandteilen wie Wasser, Eiweiß und Kohlenhydraten ist vor allem der hohe Anteil von Koffein und Theobromin zu nennen, die Herz und Kreislauf stimulieren. Kakaobohnen enthalten außerdem Magnesium, Kalzium, Phosphor und Eisen sowie die Vitamine A, E, B_1 und B_2. Ihre größte Wirkung entwickeln sie als Getränk nach Art der Azteken.

Am interessantesten sind jedoch die im Kakao nachzuweisenden Endorphine Phenylethylamin, Serotonin und Anandamid. Diese glücklich machenden Botenstoffe werden vom Gehirn produziert, wenn man verliebt ist. Unter Serotoninmangel leidet man vor allem in der kalten, dunklen Jahreszeit, deshalb schwören Bergsteiger und Polarforscher auf die energiespendende Kraft der Schokolade. Für Roald Amundsen war sie ein überlebenswichtiger Proviant während seiner Südpolexpedition von 1911. Und auch die jüngste Antarktisdurchquerung „Mission 1“, die David de Rothschild im Jahr 2005 unternahm, war ohne Schokolade undenkbar. In diesem Fall stammte sie jedoch von dem belgischen Chocolatier Pierre Marcolini.

ROTER
KAKAO PULVER
CHILI
SCHWEINS GRAMMELN

XA

Aroma

Über 1.000 Aromastoffe sind in der Kakaobohne enthalten, von denen erst zirka 400 genau zugeordnet werden können – allein die Hälfte davon sind Nussaromen. Es folgen Zitrusfruchtaromen und die ätherischen Geschmacksnoten von Gewürzen und Blumen, die man als angenehme Nebenaromen wahrnimmt. Der Geschmack einer bestimmten Kakaosorte steckt zum größten Teil (50%) in ihren Erbanlagen; zwanzig Prozent des Aromas entstehen während der Fermentation und Trocknung, in dieser Phase entwickeln sich die ätherischen Öle und Gerbsäuren. Weitere zwanzig Prozent werden durch Rösten und Conchieren aufgeschlossen, wenn die Röstaromen von Kaffee, Tabak oder Holznoten entstehen. Die restlichen zehn Prozent des Geschmacks werden durch Bodenbeschaffenheit und Klima, das so genannte Terroir, bestimmt.

Dieses komplexe Zusammenspiel von Aromen haben sich unbewusst schon die Ureinwohner Südamerikas zu nutze gemacht. Alle Gewürze, wie Chili, Pfeffer, Paprika und Ingwer, enthalten Alkaloide, die für ihre Schärfe verantwortlich sind. Auch Koffein, Nikotin, Cannabin und Kokain gehören zu dieser Gruppe pflanzlicher Stickstoffverbindungen. Sie wirken auf das zentrale Nervensystem und können halluzinogene, aber auch schmerzstillende Eigenschaften haben. Alkaloide werden durch Fett und alkoholhaltige Trägerstoffe freigesetzt. Dies erklärt den berauschenden Effekt, den der Kakaotrunk zur Zeit seiner Entdeckung gehabt haben soll. Die ursprüngliche Coca-Cola-Rezeptur enthielt übrigens neben Kaffee und Schokoladenaromen auch Kokain. Die Flaschenform des Kultgetränks wurde der Kakaofrucht nachempfunden.

„Es war in der Tat ein Wettlauf mit dem Tode, denn der Hunger stand vor der Tür. Wir lebten von acht Unzen Nahrung täglich, genau die Hälfte der Ration, die Peary auf seiner Nordpolfahrt an seine Hunde verfüttert hatte. Jeden Morgen lösten wir ein Stück Schokolade in heißem Wasser, dazu aßen wir drei Zwiebacke. Abends hatten wir wieder diesen Kakaoersatz und wieder drei Zwiebacke. Selbstverständlich litten wir einigermaßen unter unserem unbefriedigten Essbedürfnis, aber es war andererseits doch wieder erstaunlich, wie kräftig wir uns trotzdem bei dieser mageren Kost und der anstrengenden Arbeit erhielten.“

Aus „Mein Leben als Entdecker“, 1929, von Roald Amundsen

Gebrannte Schokoladencrème mit dreierlei Bohnenaroma

Rezept für vier Personen

Basismasse

300 ml Sahne
6 Eigelb
1 El Zucker

Zunächst im Wasserbad die Sahne mit Eigelb und Zucker schlagen, bis die Masse anfängt, zur Crème anzudicken. Vom Herd ziehen und in drei Schüsseln aufteilen.

Mandelcrème

20 g weiße Schokolade
1 El Marzipan
2 cl Amaretto
1/2 geriebene Tonkabohne

Für die Mandelcrème die geschmolzene weiße Schokolade, Marzipan und Amaretto zur Basismasse geben und weiterschlagen. Die Hälfte einer Tonkabohne auf der Muskatreibe fein reiben und die Mandelmasse damit aromatisieren.

Moccacrème

20 g Vollmilchschokolade, ca. 35%
2 cl Kaffeelikör
2 cl sehr starker Espresso

Für die Moccacrème die Basismasse mit geschmolzener Vollmilchschokolade, Kaffeelikör und dem Espressosud weiter verschlagen. Bei Bedarf etwas mehr Schokolade oder Zucker hinzufügen.

Kakaocrème

20 g dunkle Schokolade, ca. 75%
2 cl Schokoladenlikör
1 El Kakaobohnenbruch „Nibs"

Für die Kakaocrème die geschmolzene Schokolade mit dem Schokoladenlikör und der Basiscrème aufschagen und die Kakaonibs darunter ziehen. Hier muss rasch gearbeitet werden, da die Masse schnell fest wird.

Die Crèmes in dreigeteilte Schälchen, unterschiedliche Förmchen oder Gläser füllen und mindestens 6 Stunden im Kühlschrank ruhen lassen. Vor dem Servieren mit Zucker bestreuen und mit einem Brenner karamellisieren, bis eine schöne Kruste entsteht. Nach Wunsch mit Blattgold bestäuben.

Weinempfehlung

1998 Schliengener Sonnenstück Müller-Thurgau Trockenbeerenauslese „Barrique", Erste Markgräfler Winzergenossenschaft, Schliengen, Baden, Deutschland

Kaffee & Tee

Schokolade und Kaffee haben schon immer eine anziehende Wirkung aufeinander gehabt. Ein beliebtes Getränk ist der „Bicerin", wie in Turin die Mischung aus heißer Schokolade und Kaffee genannt wird. Auch Moccapralinen sind eine klassische Schokoladenspezialität. Dass aber Tee und Kakao eine elegante Ergänzung sein können, liegt an dem Fermentationsprozess, den beide Rohstoffe durchlaufen. Der Gerbsäureanteil macht eine Kombination dunkler Schokolade mit Assam oder Ceylon Tee ideal. Die Zitrusnote des Earl Grey und die nussigen Aromen eines Pu-erh oder teilfermentierten Oolong Tees finden sich in vielen Schokoladen wieder. Als Getränk gehen indischer Chai und Kakao eine harmonische Verbindung ein. Wer das würzige Raucharoma des chinesischen Gunpowder Tees liebt, sollte dazu eine kubanische Schokolade probieren. Für diese Schokolade, die fast nur zum Eigenverbrauch produziert wird, werden die Kakaobohnen beim Trocknen leicht angeräuchert.

Früchte & Gewürze

Gleich und gleich gesellt sich gern, das gilt auch für die Verbindung von Aromen. Die beliebteste Schokoladenmischung der Welt ist die Nuss-Nougat-Schokolade – vermutlich, weil sie dem natürlichen Geschmack der Schokolade am nächsten kommt. Fast immer wird die Kakaobohne jedoch mit Vanille kombiniert und zubereitet. Das liegt an ähnlichen Polyphenolverbindungen, die beide Pflanzen während der Fermentation entwickeln. Auch andere Gewürze bilden diese ätherischen Geschmacksstoffe. Koriander, Zimt, Anis, Kardamom, Lakritz und Muskat sind deshalb ideale Kombinationspartner für Schokolade.

Der Kakaobaum hat auch eine geschmackliche Verwandtschaft zu allen Zitrusgewächsen und den tropischen Früchten, die aus seinem Lebensraum stammen. Bei den nordeuropäischen Früchten sind es vor allem die süßen Aprikosen, Pflaumen, Birnen oder Kirschen, die den Schokoladegenuss vervollkommnen. Erdbeeren, Himbeeren und Hagebutten sind als Rosengewächse den Kakaopflanzen sogar verwandt. Ähnliche Gerbstoffe und Vitamin-C-Verbindungen sind vor allem in unkultivierten Arten, wie Walderdbeeren und Wildrosen, enthalten.

Wein & Schokolade

Wein und Schokolade ergänzen sich perfekt. Die Kombination von Fett und Alkohol bündelt den Geschmack, der sich durch ähnliche Trägerstoffe auszeichnet. Kakaofrüchte und Weintrauben haben einen hohen Anteil an Flavonoiden, die so genannte freie Radikale binden und damit die Zellsubstanz schützen. Flavonoide kommen hauptsächlich in roten Rebsorten vor, sie verringern das Infarktrisiko und verbessern die Durchblutung. Eine entsprechende Wirkung haben die Tannine. Sie sind in Stielen und Kernen der Trauben enthalten und gehen während der Maischestandzeit in den Wein über. Bei der Kakaobohne werden Tannine durch die Fermentation in Form von Gerbsäuren freigesetzt.

Die sortentypischen Geschmacksmerkmale von Reben und Kakaobohnen sowie ihre Verbindung zum Terroir haben Wein- und Schokoladenliebhaber zur Zusammenarbeit angeregt. Hersteller wie ChoaXa (Deutschland), Josef Zotter (Österreich) oder Enric Rovira (Spanien) kreieren ihre Schokoladen in Zusammenarbeit mit Winzern für einen besonderen Wein.

Die Qualität von Schokolade erkennt man wie bei Wein an Farbe, Duft und Geschmack. Bruch und Schmelz geben Auskunft über ihre hochwertige Verarbeitung. Unabhängig von Jahrgang und Herkunft gibt es Schokoladen- und Weinsorten, die sich gut miteinander genießen lassen. Hier eine kleine Auswahl:

- Zu weißer Schokolade passen weiße Weine mit Restsüße, wie z. B. ein Riesling-Eiswein, der dem hohen Zuckeranteil der kakaolosen Schokolade standhalten kann.

- Die Champagnertraube Chardonnay verbindet sich harmonisch mit Mandel-, Butter-, Sahne- und Kokosnoten, Vollmilchschokolade und Trüffeln.

- Ein mineralischer Weißburgunder oder Grüner Veltliner passt zu herber gesalzener oder gepfefferter Schokolade – auch wenn es sonst als schwierig gilt, Weißwein mit dunkler Schokolade zu kombinieren.

• Der exotische Fruchtgeschmack eines leicht restsüßen Sauvignon Blanc, Rieslings oder Gewürztraminers ist für Ingwerschokolade ebenso geeignet wie für asiatische Speisen.

• Schokolade mit hohem Kakaoanteil (60% bis 80%) lässt sich gut mit barrique-ausgebauten Weinen wie Tempranillo oder Cabernet Sauvignon kombinieren. Auch ein gereifter Sherry bietet hier würzige Kakaoaromen.

• Das Veilchenaroma eines Sangiovese ist ideal in Verbindung mit dunkler Kräuterschokolade von Rosmarin, Thymian oder Lavendel.

• Kräftige Pflaumen-, Tabak- und Lakritznoten von Merlot, Shiraz oder altem Portwein sind nötig, um die Aromen extrem kakaohaltiger Schokolade (85% bis 100%) freizusetzen. Ein leichterer Rotwein würde davon erschlagen.

Grundsätzlich gilt:

• Die Qualität der Schokolade sollte der des Weines entsprechen.

• Mit steigendem Kakaoanteil sollten auch Geschmackskraft und Alkoholgehalt des Weines zunehmen.

Die Geschmacksvielfalt der Schokolade hat nicht nur Winzer, sondern auch Köche zu außergewöhnlichen Kreationen inspiriert. Die folgenden Seiten zeigen, wie unterschiedlich Spitzenköche das Thema Schokolade interpretieren. Begleitet werden die Rezepte mit Weinvorschlägen der Sommelière Birgitta Quendler.

4

Verführung

Elf Spitzenköche und ihre Schokoladenrezepte

Sarah Wiener

„Das Speisezimmer", Berlin

Schokoladenkuchen

Für sechs Küchlein

Kuchenteig
40 g Butter
3 Eigelb
40 g Puderzucker
$^1/_4$ Vanillestange
60 g Walnüsse (gemahlen)
1 El Backpulver
50 g Semmelbrösel
60 g Toastbrot
etwas Milch
60 g Zartbitter-Kuvertüre
3 Eiweiß
Rum

Handwarme Butter mit den Eigelben vermengen und leicht aufschlagen. Puderzucker, Vanille, Walnüsse, Backpulver und Semmelbrösel untermengen. Toastbrot in Milch einweichen und ebenfalls untermengen. Die Schokolade im Wasserbad schmelzen. Das Eiweiß steif schlagen. Die Schokolade unter den Teig rühren und dann die ganze Masse vorsichtig unter den Eischnee heben. Nun die Masse mit Rum nach Geschmack abschmecken.

Die Masse in kleine, mit Butter vorgefettete feuerfeste Gläschen geben und im vorgeheizten Ofen (ca. 200 °C) etwa 20 Minuten backen. Zur Garprobe mit einem Holzstäbchen in die Kuchen stechen: Bleibt keine Teigmasse daran hängen, ist der Kuchen durchgebacken.
Die Kuchengläschen vorsichtig aus dem Ofen nehmen und noch im heißen Zustand auf Teller stürzen.

Mit viel Schokoladensauce und frischen Früchten servieren.

Weinempfehlung
Sherry Pedro Ximenes Viejo, Bodegas Hidalgo, Jerez, Spanien

Michael Hoffmann

„Margaux“, Berlin

Ein Michelin-Stern, 17 Gault Millau-Punkte

Soufflé von weißer Schokolade, Lavendel und schwarzen Oliven mit Schokoladensorbet

Rezept für vier Personen

Soufflé

3 Eier
60 g Honig
120 g trockener Quark
60 g weiße Kuvertüre
10 g Puderzucker
10 g Lavendel
50 g getrocknete und kandierte schwarze Oliven

Die Eier trennen und das Eiweiß kalt stellen. Eigelb schaumig rühren. Honig, Quark und geschmolzene Kuvertüre unter ständigem Rühren langsam zugeben. Die Masse für 10 Minuten ruhen lassen, in der Zwischenzeit das Eiweiß zu Schnee schlagen und dabei den Zucker einrieseln lassen. Eischnee vorsichtig unter die Masse heben und den Lavendel mit den Oliven dazu geben. Bei 180 °C Backofen-Temperatur zirka 15 bis 20 Minuten backen.

Schokoladensorbet

500 ml Wasser
200 g Zartbitter-Kuvertüre
50 g Kakao
125 g Zucker
50 g Glukose
50 g geschälter Ingwer, in Scheiben geschnitten
50 g geriebener Ingwer

Das Wasser aufkochen und alle Zutaten bis auf den geriebenen Ingwer zugeben. 20 Minuten ziehen lassen, anschließend passieren. Den geriebenen Ingwer ausdrücken und den Saft dazu geben. Die Schokoladenmasse unter Rühren oder in der Eismaschine gefrieren lassen.

Zum Servieren das Soufflé aus der Form stürzen, mit Puderzucker bestäuben und eine Nocke des Schokoladensorbets daneben legen. Nach Wunsch mit einem Salat aus kandierten Orangenschalen und Minze garnieren.

Tipp

Wer kandierte Oliven selbst herstellen möchte, kann klein geschnittene Oliven im Backofen bei 100 °C vortrocknen. Danach in Läuterzucker bei 100 °C aufkochen und 24 Stunden ziehen lassen. Diesen Vorgang mindestens fünfmal wiederholen! Nach dem letzten Mal die Oliven auf einem Gitter abtropfen und trocknen lassen.

Weinempfehlung

2003 Sauvignon Blanc „Zieregg" Eiswein, Weingut Tement, Steiermark, Österreich

Christian Bau

„Victor's Gourmet-Restaurant Schloss Berg", Perl-Nennig

Drei Michelin-Sterne, 18 Gault Millau-Punkte

Pavé von Erdnüssen und Araguani-Schokolade mit Maldon-Flakes und Erdnusseis

Rezept für vier Personen

Erdnuss-Eiscrème

125 ml Milch, 125 ml Sahne, 35 g Honig, 15 g Glukose, 35 g Erdnüsse, ungesalzen 25 g Erdnussbutter, 25 g Zucker, 2 cl Rum, 3 Eigelb

Milch, Sahne, Honig, Glukose, Erdnüsse und Erdnussbutter aufkochen. 15 Minuten ziehen lassen. Passieren und mit restlichen Zutaten im Wasserbad zur Rose abziehen. Die Masse in der Eismaschine gefrieren lassen.

Knusperboden Pavé

65 g Pralinenmasse Noisette
25 g Milchkuvertüre
30 g gehackte, karamellisierte Erdnüsse
25 g Erdnussbutter

Die Zutaten für den Knusperboden mischen und erwärmen, bis sich alles aufgelöst hat. Die Masse in eine mit Pergamentpapier ausgelegte Kuchenform geben und glatt streichen. Eine Stunde kalt stellen.

Basiscrème

100 ml Milch, 100 ml Sahne
10 g Zucker, 1 El Honig, 2 Eigelb

Alle Zutaten für die Basiscrème vermengen und im Wasserbad zur Rose abziehen.

Helle Crème

Halbe Menge der Basiscrème
1,5 g Gelatine
50 g geröstete Erdnüsse, 60 ml Milch
25 g Erdnussbutter

Gelatine in der Hälfte der Basiscrème auflösen. Erdnüsse rösten, mit Milch ablöschen und Erdnussbutter unterrühren. Auf die Hälfte reduzieren, mixen, passieren und abkühlen. Unter die Basiscrème heben. Masse auf den festen Knusperboden geben, glatt streichen und abkühlen.

Dunkle Crème

Halbe Menge der Basiscrème
100 g Araguani-Schokolade
25 ml Passionsfruchtsaft

Zweite Hälfte der Basiscrème mit aufgelöster Schokolade und Passionsfruchtsaft vermischen. Masse auf die helle Crème geben, glatt streichen und abkühlen.

Maldon Sea Salt

Das erkaltete Pavé von der Kuchenform lösen und in die gewünschte Form schneiden. Maldon-Flakes vorsichtig darüber streuen. Die Eiscrème als Nocke daneben drapieren. Rondellen, aus frischen Mangoscheiben gestochen, zum Anrichten dazugeben. Nach Wunsch mit karamellisierten Erdnüssen und Schokoladendekor servieren.

Weinempfehlung

2003 Poysdorfer Schneiderberg Riesling-Eiswein, Weingut Weinrieder, Weinviertel, Österreich

Tim Raue

Restaurant „44“, Berlin

Ein Michelin-Stern, 18 Gault Millau-Punkte

Feuille von der Giandujaschokolade, Himbeeren, Orangenblüten und Calissoneis

Rezept für vier Personen

Feuille

200 g Vollmilchschokolade
100 g Giandujaschokolade
48 frische Himbeeren zum Belegen

Für das Feuille Vollmilch- und Giandujaschokolade bei geringer Temperatur auflösen. Auf ein mit Folie ausgelegtes Blech in 1 mm Stärke aufstreichen, in den Kühlschrank geben und auskühlen lassen. Anschließend in ca. 10 x 10 cm große Platten schneiden (zwei Platten pro Person).

Schokomousse

2 Eier, 2 Eigelb, 6 cl Haselnusslikör
3 Blatt Gelatine
500 ml geschlagene Sahne
350 g Giandujaschokolade, im Wasserbad erwärmt

Eier und Eigelb mit etwas Haselnusslikör warm aufschlagen. Im restlichen Likör die eingeweichte Gelatine auflösen. In einer Schüssel die Sahne unter die Schokolade heben, mit den restlichen Zutaten, verrühren in einen Spritzbeutel geben und kalt stellen.

Orangenblütengelee

1 Liter frischer Orangensaft, passiert
2 g Agar-Agar, 4 Sternanis
8 Blatt Gelatine
4 El Muscovadozucker, hell
1 El Orangenblüten oder
1 Tropfen Orangenblütenöl
4 g Kerbel, 4 g Estragon

Orangensaft aufkochen, Agar-Agar einrühren und dann 4 Minuten kochen lassen. Sternanis dazugeben, auf 50 °C abkühlen lassen und die aufgelöste Gelatine mit Zucker, Blüten und Kräutern einrühren. 10 Minuten ziehen lassen und durch ein feines Sieb passieren. Die Masse fingerhoch auf ein eckiges Blech gießen. 4 Stunden kühlen lassen und in 10 x 10 cm große Platten schneiden.

Calissoneis

500 ml Milch
25 g Eisbindemittel, 45 g Zucker
75 g Calissons (Mandelnougat mit kandierten Früchten aus der Provence)

Die Zutaten im Mixer zerkleinern und in der Eismaschine gefrieren lassen.

Je ein Feuille als Boden mit einer Orangenblütengeleeschicht belegen. Darauf eine daumendicke Schicht Schokomousse streichen. In die Mousse pro Feuille jeweils 12 Himbeeren drücken. Mittig eine Kugel Eis platzieren und obenauf die zweite Schokoladenplatte legen. Nach Wunsch mit Blattgold belegt servieren.

Weinempfehlung
2006 Moscato Rosa, Abbazia di Novacella, Südtirol, Italien

Cornelia Poletto

„Poletto“, Hamburg

Ein Michelin-Stern, 16 Gault Millau-Punkte

Rehkoteletts mit Sellerieravioli und Schokoladen-Pfeffersauce

Rezept für vier Personen

Dunkle Schokoladensauce

500 g klein gehackte Rehknochen
2 Schalotten, 1 Karotte, 1 Knollensellerie
2 Knoblauchzehen, 1 Tl Tomatenmark
Je 1 El grüner und weißer Pfeffer
1 Lorbeerblatt, 2 Zweige Thymian
1 Tl Wacholderbeeren, 200 ml Rotwein,
200 ml roter Portwein, 100 ml Madeira
2 El alter Aceto Balsamico
2 El Preiselbeeren, 1 l Wildfond
1–2 El Xocopiliperlen, Salz

Die Rehknochen auf einem Blech im 180 °C vorgeheizten Ofen anrösten und abkühlen lassen. Gemüse würfeln und in Olivenöl anbraten. Tomatenmark, Pfeffer, Lorbeer, Thymianzweige und Wacholderbeeren dazugeben und auf mittlerer Hitze 10 Minuten anrösten. Mit den Weinen, Balsamico und Preiselbeeren ablöschen und einkochen lassen. Die Rehknochen und den Wildfond dazugeben. 3 Stunden bei mittlerer Hitze köcheln lassen. Passieren, Jus nochmals aufkochen und um die Hälfte reduzieren. Die Xocopiliperlen einrühren und mit etwas Salz abschmecken.

Sellerieravioli

1 Knollensellerie, 50 ml Sahne
50 ml Milch, 30 g gebräunte Butter
1 Tl Zitronensaft, Salz, 50 g Mehl
2 Eier, 4 Scheiben geriebenes Toastbrot
Butterschmalz zum Braten

Sellerieknolle schälen. 16 dünne Scheiben schneiden und Plätzchen von ca. 5 cm Durchmesser ausstechen. Diese in kochendem Salzwasser blanchieren und in Eiswasser abschrecken. 100 g Sellerie in Würfel schneiden, mit Sahne und Milch weich kochen. Gebräunte Butter durch ein feines Sieb passieren und mit den Selleriewürfeln pürieren. Mit Salz und Zitronensaft abschmecken und abkühlen lassen. Selleriescheiben nebeneinander auf eine saubere Arbeitsfläche legen und jeweils mit ½ Tl Selleriepüree belegen, zu Halbmonden zusammenlegen und an den Enden zusammendrücken. In Mehl, geschlagenem Ei und geriebenem Toastbrot panieren und mit Butterschmalz (170 °C) ausbacken.

Rehkoteletts

600 g Rehcarrée am Stück,
küchenfertig pariert
2 El Butter zum Braten
4 Thymianzweige
Salz, Pfeffer
Spitzkohlblätter zum Garnieren

Das Fleisch salzen, pfeffern und in schäumender Butter mit den Thymianzweigen von beiden Seiten anbraten. Im Ofen bei 120 °C weiter garen. Das Rehcarrée in gleichmäßige Koteletts schneiden. Die Sellerieravioli dazugeben und mit Sauce umgießen. Mit blanchierten Spitzkohlblättern servieren.

Weinempfehlung

2004 Pinot Noir Belle Glos, Clark & Telephone Vineyard, Santa Barbara County, USA

Christiano Rienzner

„Solé Graells“, Berlin

Gebratene Gänseleber mit Mais-Toffee, Schokoladenstaub und Kakaokrokant

Rezept für vier Personen

Mais-Toffee

1 Dose Mais, ca. 400 g
120 ml Läuterzucker

Mais pürieren, durch ein feines Sieb streichen, mit dem Läuterzucker verrühren und kalt stellen.

Schokoladenstaub

80 g Kuvertüre extrabitter von Chocovic
30 g Kakaopulver von Valrhona
100 ml flüssige Sahne
300 ml Wasser

Kakao, Sahne und Wasser vermengen und bei geringer Hitze erwärmen. Kurz vor dem Siedepunkt die Kuvertüre dazugeben und die Masse in die Eismaschine geben. Danach für 24 Stunden bei -18 °C gefrieren.

Kakaokrokant

200 g Zucker
200 g Glukose
90 g Kakaopaste, klein gehackt

Zucker und Glukose bei niedriger Temperatur köcheln lassen, bei zirka 150 °C vom Feuer nehmen, abkühlen lassen und die Kakaopaste dazugeben. Auf einer Silikonmatte verstreichen. Nach dem Abkühlen den Krokant zerkleinern und pürieren, bis eine staubähnliche Textur entsteht. Nochmals dünn auf der Silikonmatte verteilen und bei 160 °C in den Ofen geben. Nach 3 Minuten herausnehmen und zügig formen, da die Masse schnell abkühlt und zerbricht.

500 g Gänsestopfleber
Pfeffer, Maldon Sea Salt

Die eisgekühlte Gänsestopfleber parieren, in zirka 1 cm dicke Scheiben schneiden, beidseitig scharf anbraten und pfeffern. Im 220 °C warmen Ofen 3 Minuten ruhen lassen. Währenddessen das Mais-Toffee mit einem Pinsel auf vorgekühlte, tiefe Teller streichen, die gefrorene Schokoladenmasse mit einer Reibe zu Staub raspeln und über den Rand des Tellers streuen. Die Gänsestopfleber aus dem Ofen nehmen und das überschüssige Fett mit Küchenpapier abtrupfen. Zum Anrichten die Gänseleber auf das Mais-Toffee legen, mit einer Prise Maldon Sea Salt bestreuen und mit dem Krokant dekorieren.

Weinempfehlung

1999 Picolit Colli Orientali DOC, Davide Moschioni, Friaul, Italien

Johannes King

„Dorint Söl'ring Hof", Sylt

Zwei Michelin-Sterne, 17 Gault Millau-Punkte

Kaffee-Schokoladen-Schaum mit Sahnekaramell und glacierten Banyuls-Kirschen

Rezept für vier Personen

Kaffee-Schokoladen-Schaum

100 g extra amer Schokolade
(mind. 75% Zartbitterschokolade)
3 Tassen doppelter Espresso
170 g Crème double
1 Teelöffel ungesüßter Kakao

Die Schokolade schmelzen und mit den übrigen Zutaten glatt rühren. In einen Sahnesiphon gießen, unter Druck setzen und an einem warmen Ort zirka 30 Minuten stehen lassen.

Kardamomsahne

80 ml Sahne
Gemahlener Kardamom

Leicht angeschlagene Sahne mit gemahlenem Kardamom nach Geschmack würzen.

Sahnekaramell

50 g Zucker
5 Tropfen Zitrone
50 ml Sahne
20 ml Milch

Den Zucker im Topf leicht karamellisieren lassen und mit der Zitrone ablöschen. Sahne und Milch dazugeben und das Ganze bis zur dickflüssigen Sämigkeit einkochen.

Banyuls-Kirschen

10 g Butter
6 cl Banyuls
(französischer Süßwein)
150 g Herzkirschen

Die entsteinten Herzkirschen mit dem Banyuls in einem Topf kurz aufkochen und den Saft mit eiskalten Butterstückchen leicht binden bzw. die Kirschen damit glacieren.

Die glacierten Kirschen auf einen Dessertteller geben, dann den warmen Schokoladenschaum dazu, darauf ein Löffelchen Kardamomsahne und darüber etwas Sahnekaramell. Sofort servieren!

Weinempfehlung

1999 Cuvée Léon Parcé, Vin de Liqueur, Domaine de la Rectorie, Banyuls sur mer, Frankreich

Vreni Giger

„Jägerhof", St. Gallen/Schweiz

Ein Michelin-Stern, 17 Gault Millau-Punkte

Dreifarbige Schoggiterrine

Rezept für sechs Personen

Weiße Schokoladencrème

2 Blatt Gelatine
200 g weiße Kuvertüre
1 Ei
175 ml Sahne

Die Gelatine in kaltem Wasser einweichen, die Kuvertüre im Wasserbad schmelzen. Das Ei darin warm schlagen, bis es schaumig ist. Die aufgelöste Gelatine dazugeben und ohne Hitze weiter rühren. Die Sahne steif schlagen und unter die Masse heben. Eine Form mit Folie auskleiden, auf eine schiefe Ebene stellen und die erste Masse einfüllen. Erkalten lassen.

Vollmilchschokoladencrème

200 g Vollmilchkuvertüre
1 Ei
175 ml Sahne

Die Schokoladenmasse ohne Gelatine wie oben beschrieben zubereiten. Die Form im entgegengesetzten Winkel schräg stellen und die zweite Masse einfüllen. Erkalten lassen.

Bitterschokoladencrème

1 Ei
1 Teelöffel Espresso
1 Esslöffel Rum
200 g Kuvertüre, 70%
175 ml Sahne

Das Ei, mit Espresso und Rum vermischt, im Wasserbad schlagen. Die Kuvertüre schmelzen, die Sahne steif schlagen, alles zu der abgekühlten Schokomasse geben und verrühren. Die Terrinenform gerade stellen und die letzte Schicht einfüllen. Erkalten lassen.

Als Variation mit einem Schokoladensorbet und einer heißen Schokolade anrichten.

Tipp
Um die Terrine zu portionieren, diese stürzen und zuerst die weiße Schicht durchschneiden, damit die dunklen Schichten nicht die weiße verfärben!

Weinempfehlung
2005 Beerenauslese Barrique, Weingut Korrell Johanneshof, Nahe, Deutschland

Kolja Kleeberg

„VAU“, Berlin

Ein Michelin-Stern, 17 Gault Millau-Punkte

Schokoladenkrapfen mit Schattenmorellen, Sauerkirschsorbet und Pistaziensabayon

Rezept für vier Personen

Sauerkirschsorbet

400 g Sauerkirschpüree, tiefgekühlt
100 ml Wasser, 75 g Zucker
75 ml flüssiger Traubenzucker

Das aufgetaute Sauerkirschpüree mit Wasser und Zucker aufkochen, abkühlen lassen und mit dem Traubenzuckersirup vermischt in der Eismaschine gefrieren.

Schokoladenganache

60 ml Sahne, 60 ml Milch
100 g Kuvertüre Valrhona, 64 %
100 g Nougat

Sahne und Milch erhitzen und die Kuvertüre mit dem Nougat darin auflösen. Die Ganache abkühlen lassen, zu je 20 g schweren Kugeln formen und einfrieren.

Ausbackteig

250 g Mehl, 50 g Kakaopulver, 5 g Salz
25 g Honig, 250 ml Moscato d'Asti
50 g Beurre Noisette

Mehl mit Kakaopulver und Salz verrühren. Honig, Moscato und zuletzt die Butter unterrühren. Eine Stunde bei Zimmertemperatur quellen lassen.

Pistaziensabayon

5 Eigelb, 100 g Zucker
1 Vanilleschote, 250 ml Riesling
Eine Prise Salz, 1 El Pistazienpaste
200 ml Sahne, halbsteif geschlagen

Eigelb, Zucker, Vanillemark und Wein mit etwas Salz im Wasserbad zu einem steifen Schaum aufschlagen. Auf Eis kalt weiter schlagen und die Pistazienpaste mit der Sahne unterheben.

Schattenmorellen

500 g Sauerkirschen, 40 g Zucker
50 ml Portwein
Etwas Pfeilwurzmehl,
in Wasser angerührt

Acht Kirschen beiseite legen, restliche Kirschen entsteinen, den Saft auffangen. Zucker karamellisieren, mit Portwein und Kirschsaft ablöschen, mit Stärke abbinden und die Kirschen darin schwenken.

Pflanzenöl zum Ausbacken
2 El Kakaonibs

Pflanzenöl auf 170 °C erhitzen, Ganachekugeln gefroren mit einer Pralinengabel durch den Ausbackteig ziehen und ca. 3 Minuten knusprig backen. Die Krapfen gut abtropfen lassen und mit den Schattenmorellen, dem Sabayon und dem Sorbet anrichten. Mit den übrigen Sauerkirschen und Kakaonibs garniert servieren.

Weinempfehlung
2003 Übermut, Weingut Hensel, Bad Dürkheim, Pfalz, Deutschland

Lea Linster

„Lea Linster Cuisinière“, Frisange/Luxemburg

Ein Michelin-Stern

Schokoladen-Nougat-Schnitte

Rezept für sechs Personen

Biskuitboden

4 Eier
85 g Zucker
20 g Mandelmehl
20 g Puderzucker
65 g Kakao

Die Eier trennen und das Eiweiß mit 60 g Zucker zu festem Schnee schlagen. Das Eigelb, mit 25 g Zucker vermischt, aufschlagen und vorsichtig unter die Eiweißmasse heben. Mandelmehl, Puderzucker und Kakaopulver vermischen und durch ein Sieb passieren. Das Mandelkakaogemisch unter die Eischneemasse geben und auf ein mit Backpapier ausgelegtes Backblech streichen. In der Mitte des Backofens acht Minuten bei 180 °C backen.

Schokoladen-Nougat-Füllung

200 g Nougatmasse
140 g Milchschokolade
420 ml Sahne

Die Nougatmasse geschmeidig rühren und mit der klein gehackten Schokolade in eine Schüssel geben. 140 ml Sahne aufkochen lassen, über die Milchschokolade gießen und zudecken. Fünf Minuten ziehen lassen. Die glatte Nougatmasse unterrühren und abkühlen lassen. Die restliche Sahne steif schlagen und unter die Schoko-Nougatmasse heben.

Schokoladenguss

140 ml Sahne
140 ml Wasser
200 g Zucker
35 g Milchpulver
45 g Kakao
2 Blatt Gelatine

Die Sahne mit dem Wasser erhitzen. Zucker, Milchpulver und Kakao hinzugeben. Bei mittlerer Hitze, unter ständigem Rühren, 6 bis 8 Minuten kochen lassen. Durch ein Sieb passieren und die aufgelöste Gelatine einrühren. Etwas abkühlen lassen.

Krokant oder Schokoladenblättchen zum Garnieren

Die Nougatfüllung gleichmäßig auf einen halben Biskuitboden streichen und mit der anderen Hälfte bedeckt im Tiefkühlfach fest werden lassen. Runde Törtchen von zirka 8 cm Durchmesser ausstechen und auf einen Rost stellen. Mit dem lauwarmen Schokoladenguss überziehen, auf kalten Tellern anrichten und mit Krokant oder Schokoladenblättchen garnieren.

Weinempfehlung
2005 Chardonnay Trockenbeerenauslese, Weingut Sepp Moser, Kremstal, Österreich

Ferran Adrià

Restaurant „elBulli", Roses/Spanien

Drei Michelin-Sterne, 20 Gault Millau-Punkte

Erde

Rezept für vier Personen

Pulver aus Weinbergpfirsichpüree

300 g Weinbergpfirsichpüree

Püree auf einem 60 x 40 cm großen Blech auf Pergamentpapier ausstreichen. Im Backofen bei 70 °C trocknen, bis es eine leicht feste Textur erhält. Die Tafeln erneut 6 Stunden bei 60 °C trocknen lassen. Anschließend im Mixer zerkleinern. Dieses Pulver sofort luftdicht verschließen, kühl und trocken aufbewahren.

Gefrorenes Schokoladenpulver

100 ml flüssige Sahne, 35% Fett
30 g Zucker
300 ml Wasser
30 g Kakaopulver
80 g Kuvertüre extrabitter von Chocovic

Sahne, Zucker, Wasser und Kakaopulver mischen und aufkochen. Auf die zerkleinerte Kuvertüre gießen und umrühren, bis diese vollständig aufgelöst ist. In einer Eismaschine gefrieren lassen und für 24 Stunden bei -12 °C kalt stellen. Die gefrorene Schokolade auf einer Reibe fein raspeln, sofort in eine vorgekühlte Schale geben und bei -12 °C aufbewahren.

Milchschokoladeneis

150 ml flüssige Sahne, 35% Fett
450 ml Wasser
25 g Traubenzucker
4 g Stabilisator für Speiseeis
285 g Milchschokolade, 40%

Sahne und Wasser mischen und auf 35 °C erhitzen. Traubenzucker und Stabilisator ebenfalls mischen und hinzugeben. Das Wasser mit der Sahne aufkochen und die zerkleinerte Schokolade hineingeben. Einige Minuten ruhen lassen, dann aufmixen, bis eine feine Mischung entsteht. 12 Stunden im Kühlschrank stabilisieren lassen. Durch ein Sieb geben und in der Eismaschine gefrieren. Bei -12 °C aufbewahren.

Streusel aus gerösteten Haselnüssen

50 g Butter
50 g Demerara-Zucker
50 g geröstetes Haselnusspulver
50 g feines Weizenmehl

Butter weich schlagen, langsam Zucker, Haselnusspulver und Mehl zugeben und einen glatten homogenen Teig herstellen. Den Teig für die Streusel in einer 1 cm dicken Schicht zwischen zwei Seiten Pergamentpapier ausbreiten. Im Kühlschrank ruhen lassen, bis der Teig vollkommen abgekühlt ist. Im Ofen 12 Minuten bei 170 °C backen. In einem luftdichten Gefäß an einem trockenen kühlen Ort aufbewahren.

Kandiertes geröstetes Haselnussgranulat

40 g Zucker
20 ml Wasser
100 g geröstetes Haselnussgranulat
Salz

Zucker und Wasser in einen Stieltopf geben und kochen, bis eine Temperatur von 117 °C erreicht wird und der Zucker Fäden zieht. Haselnüsse hinzugeben und Topf vom Feuer nehmen. Langsam mit einem Spachtel umrühren, bis der Zucker kristallisiert, an den Haselnüssen haften bleibt und diese vollständig überzieht. Die Haselnüsse in einem zweiten, großen Topf wieder aufs Feuer stellen und bei mittlerer Flamme karamellisieren, bis sie eine goldbraune Farbe annehmen. Die kandierten Haselnüsse auf einem Blech mit Pergamentpapier flächig ausbreiten und noch warm salzen.

Zucker aus Joghurtpulver

40 g Joghurtpulver (z.B. vom Bäcker)
20 g Traubenzucker, 10 g Puderzucker

Die drei Zutaten mischen und in einem luftdichten Gefäß an einem trocknen kühlen Ort aufbewahren.

Geriebene geröstete Haselnüsse

4 geröstete geschälte Haselnüsse

Haselnüsse fein raspeln. In einem luftdichten Gefäß an einem trockenen kühlen Ort aufbewahren.

Gefrorene Trüffel

Milchschokoladeneis
(wie zuvor beschrieben)
50 g Kakaopulver

Mit einem Kugelformer von 2 cm Durchmesser insgesamt 4 Kugeln Schokoladeneis vorbereiten. Im Kakaopulver wälzen und im gleichen Kakaopulver im Gefrierschrank bei -12 °C aufbewahren.

Vier Teller bei -12 °C in den Gefrierschrank stellen. Milchschokoladeneis in einen Spritzbeutel füllen. Drei Tupfen Eis in die Mitte des Tellers geben. Mit zwei Esslöffeln gefrorenem Schokoladenpulver bedecken, so dass eine unregelmäßige Oberfläche entsteht, die wie Erde aussieht. Einen Krater formen und eine Stelle für den Joghurtzucker frei lassen. Die Streusel mit gerösteten Haselnüssen um den Krater verteilen. Das Haselnussgranulat und die geriebenen Haselnüsse ebenfalls über das gefrorene Schokoladenpulver streuen. Die Leerstelle mit einem Kaffeelöffel Joghurtzucker auffüllen. Den Joghurtzucker anschließend mit dem Weinbergpfirsichpulver bedecken. Zum Abschluss eine gefrorene Trüffel aus Schokoladenmilch auf das gefrorene Schokoladenpulver setzen und etwas Kakaopulver darauf geben.

Weinempfehlung

Sherry Perdo Ximenes Vieja Solera VORS, Bodega Paternina, Jerez, Spanien

Erläuterungen zu den Weinempfehlungen

Chili-Rosen-Schokolade (S. 18/19)
Der **2000er Gewürztraminer Sonnenglanz Vendages Tardives** mit seinem Duft nach Rosenblüten ist für die Rosenschokolade ideal. Weitere Aromen sind Honig, Karamell und reife Aprikosen; seine Restsüße mildert die Chili-Schärfe.
Der **2004er Vintage Port, Quinta do Vale Meao**: für die Crème wird aus Touriga Nacional, Touriga Francesca und Tinta Roriz im Barrique ausgebaut. Konzentriert, samtig und durch seine Jugend noch eine volle Fruchtbombe zeigt er am Gaumen Schokoladennoten sowie feine Exotik und Würze.

Schokoladenravioli salzig oder süß, mit Orangensauce (S. 32/33)
Der **2006er Grüne Veltliner Alte Reben** ist ein dichter Wein, extraktreich und saftig, der sehr gut mit der leichten Bitternote der Kumquats und den exotischen Aromen der salzigen Füllung harmoniert.
Zur Dessertvariante passt die einzigartige **2002er Scheurebe Trockenbeerenauslese „Zwischen den Seen"**, die trotz enormer Restsüße sehr filigran wirkt. Zarte Noten von Pfirsichmarmelade, kandierter Zitrusschale und exotische Anklänge ergänzen die kräftige Süße der Füllung.

Gebrannte Schokoladencreme mit dreierlei Bohnenaroma (S. 62/63)
Die **1998er Müller-Thurgau Trockenbeerenauslese „Barrique"** ist ein ungewöhnlicher Dessertwein – braun in der Farbe, sehr ölig und konzentriert. Er zeigt Aromen von Kakao, Kaffee, Vanille, Karamell und gebrannten Mandeln. Die durch den Barrique-Ausbau angenehm eingebundene Säure verleiht dem Wein, und somit auch dem Dessert, eine zarte Frische.

Schokoladenkuchen (S. 72/73)
Der kräftige Schokoladenkuchen sucht eine ebenso kräftige Begleitung. Seinen Traumpartner hat er in dem alten restsüßen **Sherry aus der Pedro Ximenes-Traube** mit 30 Jahre Solera-Verfahren gefunden. Der Likörwein vereinbart Aromen von Kakao, Karamell, Nüssen, Rum, Rosinen und Dörrpflaumen mit etwas Kaffee im Abgang – ein wahrer (Schokoladen)Traum!!

Soufflé von weißer Schokolade, Lavendel und schwarzen Oliven mit Schokoladensorbet (S. 74/75)
Den Duft und die Leichtigkeit eines Sauvignon Blanc in Kombination mit hoher Restsüße findet man selten im Wein wieder. Der **2003er Sauvignon Blanc „Zieregg" Eiswein** zeigt, dass es dennoch geht. Er unterstreicht durch seine Duftigkeit das leichte Soufflé mit Lavendel. Durch seine deutliche Exotik passt der Wein jedoch genauso zum Schokoladensorbet mit Bitterschokolade und Ingwer.

Pavé von Erdnüssen und Araguani-Schokolade, mit Maldon-Flakes und Erdnusseis (S. 76/77)
Der wunderschöne **2003er Poysdorfer Schneiderberg Riesling-Eiswein** hat exotische Aromen von reifer Ananas und Mango. Er ist sehr elegant und duftig, cremig am Gaumen. Seine rassige, pikante Fruchtsäure ist enorm, jedoch wunderbar eingebunden. Die kräftigen Schokoladenaromen werden von dem Eiswein sehr gut aufgenommen, die herbe Note passt perfekt.

Feuille von der Giandujaschokolade, Himbeeren, Orangenblüten und Calissoneis (S. 78/79)
Der **2006er Moscato Rosa** hat betörende Aromen von Rosenblättern und Himbeerkompott, die perfekt mit den Himbeeren und dem Orangenblütengelee harmonieren. Weitere Aromen, wie Zwetschgenröster, Kakao und leichte Vanille, passen sehr gut zu Schokolade und Eiscreme. Die würzig-fruchtige Aromatik des Moscato gibt dem Dessert Leichtigkeit und Frische.

Rehkoteletts mit Sellerieravioli und Schokoladen-Pfeffersauce (S. 80/81)
Hier passt ein saftiger, fleischiger, dicht strukturierter Spätburgunder. Der **2004er Pinot Noir Belle Glos** zeigt sich in der Nase saftig, fruchtig, elegant und kräftig zugleich. Mit leichten Kräutertönen von Rosmarin und Wacholder, reifer Frucht sowie dezentem Raucharoma passt er hervorragend zum Wild. Seine Vanille-Kakao-Noten ergänzen dieses Gericht wundervoll. Am Gaumen zeigt er seine volle Kraft, Würze und süßlichen Schmelz.

Gebratene Gänseleber mit Mais-Toffee, Schokoladenstaub und Kakaokrokant (S. 82/83)
Der **1999er Picolit Colli Orientali** hat reichhaltige Aromen von Honig, Apfelmus, Karamell, Mandeln und cremigem Marzipan mit einer unverwechselbaren Frische von Minze und Zitrus. Sie harmonieren mit der Gänseleber und dem fruchtigen Toffee und nehmen dem Gericht gleichzeitig die Schwere.

Kaffee-Schokoladen-Schaum mit Sahnekaramell und glacierten Banyuls-Kirschen (S. 84/85)
Weil dieses Dessert mit Banyuls hergestellt wird, ist es auch keine Frage, welcher Wein es begleiten darf – schon gar nicht, wenn er so gut passt wie hier. Der Banyuls ist ein fruchtig-dichter roter Süßwein aus der Grenache-Traube. Diese **1999er Cuvée Leon Parcé** zeigt klare saftige Kirscharomen, gepaart mit Kakao-, Karamell- und Kaffee-Noten – einfach perfekt!

Dreifarbige Schoggiterrine (S. 86/87)
Die **2005er Beerenauslese Barrique** ist eine Cuvée aus Weiß- und Grauburgunder, die am Ende der Reifezeit für vier Monate in Barriquefässern gelegen hat. Sie wirkt für eine Beerenauslese sehr fruchtig-frisch und zeigt zarte Vanillenoten im Abgang. Ein Aroma, dass der cremigen Schokolade perfekt gerecht wird.

Schokoladenkrapfen mit Schattenmorellen, Sauerkirschsorbet und Pistaziensabayon (S. 88/89)
Deutschlands erster Portwein(!), der **2003er Übermut** aus 100% Cabernet Cubin, ist sehr dicht, schokoladig mit Pflaumen- und Kirschkompott-Aromen sowie mit Marzipan- und Vanilletönen. Am Gaumen präsentiert er eine markante Würze in Richtung Wacholder und Thymian. Die schokoladig-nussigen Noten korrespondieren sehr gut mit den Schokoladenkrapfen, die volle Frucht harmoniert mit dem frischen Kirschsorbet.

Schokoladen-Nougat-Schnitte (S. 90/91)
Das nussige Biskuit sowie die Schokoladen-Nougat-Füllung verlangen nach einem edelsüßen Chardonnay, der ebenfalls Nuss- und Mandelaromen zeigt. Die **2005er Chardonnay Trockenbeerenauslese** ist trotz hoher Restsüße elegant nussig und unterstreicht mit leichten Karamell-Tönen hervorragend dieses Dessert.

Erde (S. 92/93)
Die Sherry-Rarität **Perdo Ximenes Vieja Solera VORS** ist eine traumhafte Begleitung zu diesem aufwändigen Schokoladendessert. Der Wein ist qualitativ kaum zu übertreffen und präsentiert sich mit ausgewogener Süße sowie mit Aromen von getrockneten Datteln, Aprikose, Kakao, Karamell und Marzipan, in mahagonibrauner Farbe.

Von Birgitta Quendler, Sommelière im Hotel-Restaurant
„Die Mühlenhelle“, Hohler Str. 1,
D-51645 Gummersbach-Dieringhausen
Tel: +49 (0)2261-29 00 00
www.muehlenhelle.de

Glossar

Annattosamen
Samen des Orleansstrauches (Bixa orellana), auch unter dem Namen „Achiote" als mexikanisches Gewürz und Färbemittel bekannt. Den Ureinwohnern Mittelamerikas diente die Farbe zur Körperbemalung (Rothäute).

Araguani-Schokolade
Kuvertüre und Schokolade aus Criollo- und Trinitario-Kakaobohnen (Valrhona).

Arganenöl
Aus den gerösteten Samen des marokkanischen Arganbaumes (Argania spinosa) gewonnenes Öl, das einen intensiven Nussgeschmack besitzt.

Beurre Noisette
Nussbutter, gebräunte Butter mit dadurch typischem Geschmack.

Calisson
Weißer Nougat aus der südfranzösischen Stadt Aix-en-Provence. Wird traditionell aus Mandeln und kandierter Melone hergestellt.

Conchieren
Abschließender Veredelungsprozess in der Schokoladenherstellung. Durch eine maschinelle Rührbewegung der feingewalzten Schokoladenmasse bei Temperaturen bis zu 75 °C werden innerhalb von 12-78 Stunden dem Kakao durch Oxidation Säuren entzogen, um den Geschmack zu verbessern und die Konsistenz zu verfeinern.

Demerara-Zucker
Weißer Rohrzucker, der mit Melasse aus Zuckerrohr versetzt wurde und braune Kristalle bildet. Zum Backen und für Süßspeisen.

Fermentation
Natürlicher Konservierungsprozess durch enzymatische Gärung, der auch bei Tee, Kaffee, Tabak, Milchprodukten oder Bier stattfindet. Verbessert die Haltbarkeit und das Aroma.

Feuille
Französische Bezeichnung für Blatt. Aus hauchdünnen Blättern geschichtete Süßspeise. „Mille Feuille" ist z.B. eine französische Blätterteigspezialität.

Ganache
Crème aus dunkler Schokolade, Sahne, Butter und Zucker, die sich durch Zugabe von Alkohol oder anderen Essenzen zur Zubereitung von Tortenfüllungen und Pralinen eignet.

Island Moos
Hirschhornflechte (Cetraria islandica), europaweit verbreitete Schlauchpilzart, die in getrocknetem Zustand als Arzneimittel gegen Entzündungen des Magen-Darmbereiches und der Atemwege genutzt wird.

Kumquat
Asiatische Zwergorangenfrucht, kann mit Schale und Kernen gegessen werden.

Kuvertüre
Von dem französischen Ausdruck Couverture (Überzug) abgeleitet. Schokolade mit einem höheren Kakaobutteranteil von mindestens 31%. Durch den hohen Fettgehalt eignet sie sich als glänzender, fester Guss für Backwaren und Pralinen.

Läuterzucker
Zuckersirup, hergestellt aus Wasser und Zucker zu gleichen Teilen. Löst sich sofort und rückstandsfrei in Flüssigkeiten, Crèmes und Alkohol.

Maldon-Flakes
Aus Essex in England stammendes Meersalz, das von Hand geschöpft und gesiedet wurde. Zeichnet sich durch seine großen, flachen und doch feinen Salzkristallflocken aus.

Mélangeur
Französischer Ausdruck für eine Granitwalzmaschine, die Zucker und Schokoladenmasse

vermengt. Wurde 1826 von Phillippe Suchard entwickelt.

Metate
Dreibeiniges Steinwerkzeug zum Mahlen von Kakaobohnen. Auf der erwärmten Metatefläche werden mit einer Steinwalze (Mano) die Kakaobohnen aufgebrochen und zermahlen.

Molepulver
Abgeleitet von „Mulli", dem Nahuatl-Wort der mexikanischen Ureinwohner für Masse oder Sauce. Scharfe Gewürzpaste, die vor allem Chili, ungesüßte Schokolade, Gewürze und Nüsse enthält.

Muscovadozucker
Nicht raffinierter Rohrzucker mit feinen Kristallen und leichter Feuchtigkeit.

Nanaminze
Varietät der krausen, marokkanischen Minze (Mentha spicata var. crispa). Vom arabischen Wort „Nanaa" für Minze. Stark mentholhaltige Minz-Art zum Würzen und für Tees.

Nibs
Bezeichnung für Kakaobohnenbruch.

Noilly Prat
Wermut aus der südfranzösischen Stadt Marseillan. Wird aus den Weißweinen Picpoul und Clairette hergestellt, die nach der Lagerung in Eichenholzfässern mit einer Mischung aus Fruchtessenzen, Alkohol und 20 verschiedenen Kräuterauszügen versetzt werden.

Parieren
Das Zurichten von Fleisch vor der Zubereitung. Entfernen von Sehnen und Häuten.

Pavé
Französische Bezeichnung für Pflasterstein. Im kulinarischen Wortgebrauch eine rechteckige, würfel- oder rautenförmig geschnittene Speise.

Pfeilwurz
Ingwerartige tropische Nutzpflanze (Maranta arundinacea), aus der ein geschmacksneutrales Stärkemehl gewonnen wird.

Picolit
Autochthone (lat./griech.: alteingesessene, bodenständige) Rebsorte aus dem Friaul-Julisch-Venetien, aus der traditionell der gleichnamige Süßwein hergestellt wird. Die Trauben werden dazu reif gepflückt, dann auf Holzgittern getrocknet und in Barrique-Fässern vergoren. Er ist strohgelb in der Farbe und hat eine hohe Restsüße.

Piment d'Espelette
Fruchtig-milde Chili-Varietät (Capiscum), die im französischen Baskenland (Espelette) angebaut wird.

Pulpe
Fruchtfasern und Fruchtkörper im Inneren einer Pflanze.

Tonkabohne
Samen des Tonkabaumes (Dipteryx odorata), der in Südamerika und der Karibik beheimatet ist. Intensiver vanilleartiger Geschmack, der durch Einlegen in Milch oder Alkohol gelöst werden kann und auch als Parfüm genutzt wird. Enthält Cumarin, das die Blutgerinnung hemmt. Sparsam verwenden.

Weinbergpfirsich
Alte Pfirsichsorte (Prunus persica) aus der Familie der Rosengewächse, Ursprungsland China. Wächst vorwiegend im milden Klima von Weinanbaugebieten. Weniger süß und intensiver im Geschmack.

Xocopiliperlen
Gesalzene Kügelchen aus 72% Schokolade mit Gewürzen (Paprika, Curry, Kardamom, Chili, Vanille), die sich leicht in Saucen auflösen lassen. Hergestellt von der Firma Valrhona.

Adressen

CHOCOLATIERS & BEZUGSQUELLEN

Belgien

Dolfin
Chaussée de Tubize 59
1440 Wauthier Braine
Tel: +32 (0) 2-366 24 24
Fax: +32 (0) 2-366 22 42
www.dolfin.be
(kein Online-Shop)

Godiva
Rue de l'Armistice 5, 1081 Brüssel
Tel: +32 (0) 2-422 17 11
Fax: +32 (0) 2-422 17 00
www.godiva.be
(kein Online-Shop)

Confiserie Léonidas
Boulevard Jules Graindor 43, 1070 Brüssel
Tel: +32 (0) 2-522 19 57
Fax: +32 (0) 2-522 09 43
www.leonidas.com
(kein Online-Shop)

Pierre Marcolini
Place du Grand Sablon 39, 1000 Brüssel
Tel: +32 (0) 2-514 12 06
Fax: +32 (0) 2-511 87 74
www.marcolini.be
(kein Online-Shop)

Neuhaus
Postweg 2, 1602 Vlezenbeek
Tel: +32 (0) 2-568 22 11
Fax: +32 (0) 2-568 22 21
www.neuhaus.be

Passion Chocolat
Rue Père E. Devroye, 197, 1150 Brüssel
Tel: +32 (0) 2-772 47 10
Fax: +32 (0) 2-770 94 13
www.passionchocolat.be
(kein Online-Shop)

Deutschland

Bitter & Zart Chocolaterie
Domstr. 4, 60311 Frankfurt/Main
Tel: +49 (0) 69-94 94 28 46
Fax: +49 (0) 69-94 94 28 47
www.bitterundzart.de

Booja-Booja
Mozartstr. 1, 79104 Freiburg
Tel: +49 (0) 761-6 96 56 28
Fax: +49 (0) 761-6 96 56 27
www.boojabooja.de

Bosfood
Grünstr. 24c, 40667 Meerbusch
Tel: +49 (0) 2132-139-0
Fax: +49 (0) 2132-13 91 00
www.bosfood.de
Exklusive Lebensmittel und Zubehör für Gastronomie und Patisserie: Schokoladen, Gewürze, etc.

Cacao Sampaka Store Berlin
Unter den Linden/Karl-Liebknecht-Straße 3,
10178 Berlin
Tel: +49 (0) 30-84 71 24 76
Fax: +49 (0) 30-84 71 25 96
www.cacao-sampaka.de

ChoaXa
www.choaxa.de
Kontakt über:
BUCH WEIN KUNST
Wolfgang Bergmann
Bahnhofstr. 17, 70734 Fellbach
Tel: +49 (0) 711-57 88 12 30
Fax: +49 (0) 711-57 88 12 33
www.buch-wein-kunst.de

Coppeneur
Wittichenauer Str. 15–17
53604 Bad Honnef
Tel: +49 (0) 2224-90 10 40
Fax: +49 (0) 2224-90 10 480
www.coppeneur.de
(kein Online-Shop)

Dunkles Gold
Brüsseler Str. 44, 50674 Köln
Tel + Fax: +49 (0) 221-258 59 00
www.dunklesgold.de

Fassbender & Rausch
Chocolatiers am Gendarmenmarkt
Charlottenstr. 60, 10117 Berlin
Tel: +49 (0) 30-20 45 84 43
Fax: +49 (0) 30-20 45 84 45
www.fassbender-rausch.de
Mit Schokoladenhaus, Schokoladen-Café und Schokoladen-Restaurant.
Öffnungszeiten Schokoladenhaus:
Mo–Sa 10–20 Uhr, So 11–20 Uhr

Feodora
Westerstraße 36, 28199 Bremen
Tel: +49 (0) 421 50 90-01
Fax: +49 (0) 421 50 90-030
www.feodora.de (kein Online-Shop)

Hachez
Westerstraße 32, 28199 Bremen
Tel: +49 (0) 421 50 90-00
Fax: +49 (0) 421 50 90-020
www.hachez.de (kein Online-Shop)

Confiserie Heinemann
Königsallee 1, 40212 Düsseldorf
Tel: +49 (0) 211-13 41 14
www.cafe-heinemann.de

Ingo Holland
Unterlandstr. 50, 63911 Klingenberg
Tel: +49 (0) 9372-94 81 09-0
Fax: +49 (0) 9372-94 81 09 20
www.ingo-holland.de
Gewürze und Gewürzmischungen aus eigener Herstellung.

In't Veld
Dunckerstr 10, 10437 Berlin
Tel: +49 (0) 30-48 62 34 23
Shop-Tel: +49 (0) 30-23 62 32 58
Fax: +49 (0) 30-44 67 75 89
www.intveld.de

Leysieffer
Benzstr. 9, 49076 Osnabrück
Tel: +49 (0) 541-91 42-0
www.leysieffer.de

Lindt & Sprüngli
Süsterfeldstr. 130, 52072 Aachen
Tel: +49 (0) 241-888 10
Fax: +49 (0) 241-888 93 13
www.lindt.de

Sarotti
www.sarotti.de

Schokovida
Hegestr. 33, 20249 Hamburg
Tel: +49 (0) 40-87 87 08 08
Fax: +49 (0) 40-87 87 08 07
www.schokovida.de

Elly Seidl
Am Kosttor 2, 80331 München
Tel: +49 (0) 89-22 15 22
Fax: +49 (0) 89-228 38 79
www.elly-seidl.de

Solé Graells
Oranienplatz 2, 10999 Berlin
Tel: +49 (0) 30-61 65 11 65
www.sole-graells.com
(kein Online-Shop)
Spanische Schokolade, Patisserieprodukte und Lebensmittel sowie Zubehör für Gastronomie und Molekularküche.

Stollwerck
Stollwerckstr. 27-31, 51149 Köln
Service-Telefon: 0800-202 02 01
www.stollwerck.de

Sylter Schokoladenmanufaktur
Strandstr. 13, 25980 Westerland/Sylt
Tel: +49 (0) 4651-53 35
Fax: +49 (0) 4651-295 10
www.cafe-wien-sylt.de

Typolade
Heilbronner Str. 7, 70174 Stuttgart
Tel. +49 (0) 711-620 81 60
www.typolade.de
Buchstaben und Texte aus Schokolade.

Weinkontor Freund
Nienkamp 17, 33829 Borgholzhausen
Tel: +49 (0) 5425-95 46-0
Fax: +49 (0) 5425-95 46 46
www.weinkontor-freund.de
Wein, Schokolade und andere Delikatessen.

Xocoatl
Grabenstr. 24, 65183 Wiesbaden
Tel: +49 (0) 611-341 73 64
Fax: +49 (0) 611-341 78 48
www.xocoatl.de

Adressen

Dänemark

PB Chokolade
Dam Enge 4-6, 3660 Stenløse
Tel: +45 (0) 47-12 02 55
Fax: +45 (0) 47-12 02 56
www.pbchokolade.dk

Frankreich

Bonnat
8, cours Senozan, 38500 Voiron
Tel: +33 (0) 4-76 05 28 09
Fax: +33 (0) 4-76 05 56 69
www.bonnat-chocolatier.com

Debauve & Gallais
30, rue des. Saints-Pères 30,
75007 Paris
Tel: +33 (0) 1-45 48 54 67
Fax: +33 (0) 1-45 48 21 78
www.debauve-et-gallais.com

Fouquet
36, rue Laffitte 36, 75009 Paris
Tel: +33 (0) 1-47 70 85 00
Fax: +33 (0) 1-47 70 35 52
www.fouquet.fr
(kein Online-Shop)

La maison du chocolat
225, rue du Faubourg St-Honoré,
75008 Paris
Tel: +33 (0) 1-42 27 39 44
www.lamaisonduchocolat.com

La Marquise de Sévigné
32, place de la Madeleine, 75008 Paris
Tel: +33 (0) 1-42 65 19 47
Fax: +33 (0) 1-40 17 05 93
www.marquise-de-sevigne.com
(kein Online-Shop)

Michel Cluizel
Avenue de conches, 27240 Damville
Tel : +33 (0) 2 32 35 60 00
www.cluizel.com
(kein Online-Shop)

Valrhona
14, avenue du Président Roosevelt
26601 Tain L'Hermitage
Tel: +33 (0) 4-75 07 90 90
Fax: +33 (0) 4-75 07 10 49
www.valrhona.com
(kein Online-Shop)

Großbritannien

Bendicks of Mayfair
Moorside Road, Winchester,
Hampshire, SO23 7SA
Tel: +44 (0) 1962-84 48 00
Fax: +44 (0) 1962-84 15 47
www.bendicks.co.uk
(kein Online-Shop)

Cadbury
PO Box 12, Bournville, Birmingham,
B30 2LU
Tel: +44 (0) 121-451 44 44
www.cadbury.co.uk
(kein Online-Shop)

Duchy Originals
The Old Ryde House, 393 Richmond Road,
East Twickenham, TW1 2EF
Tel: +44 (0) 20-88 31 68 00
Fax: +44 (0) 20-85 38 99 91
www.duchyoriginals.com
(kein Online-Shop)

L'artisan du chocolat
89 Lower Sloane Street, London SW1W8DA
Tel: +44 (0) 20-78 24 83 65
Fax: +44 (0) 20-77 30 61 39
www.artisanduchocolat.com

Italien

Amedei
Via San Gervasio, 29
56020 La Rotta (Pontedera, Pisa)
Tel: +39 (0) 587-48 48 49
Fax: +39 (0) 587-48 32 08
www.amedei.com
(kein Online-Shop)

Domori
Via Pinerolo 72/74, 10060 None
Tel: +39 (0) 11-986 34 65
Fax: +39 (0) 11-990 46 01
www.domori.com

Guido Gobino
Via Cagliari, 15/b, 10153 Turin
Tel: +39 (0) 11-247 62 45
Fax: +39 (0) 11-235 80 89
www.guidogobino.it
(kein Online-Shop)

Niederlande

Droste
Runnenbergweg 31
8171 MC Vaassen
Tel: +31 (0) 578-57 82 00
Fax: +31 (0) 578-57 33 88
www.droste.nl
(kein Online-Shop)

Unlimited Delicious
Haarlemmerstraat 122
1013 EX Amsterdam
Tel: +31 (0) 20-622 48 29
Fax: +31 (0) 20-528 70 34
www.unlimiteddelicious.nl

Verkade
Westzijde 103, NL-1506 GA Zaandam
Tel: +31 (0) 75-655 61 11
www.verkade.nl
(kein Online-Shop)

Österreich

Demel
Kohlmarkt 14, 1010 Wien
Tel: +43 (0) 1-53 51 71 70
Fax: +43 (0) 1-535 17 17 26
www.demel.at
Mit Schokoladen- und Marzipanmuseum.

Mannis Laden – Schokolade und Zubehör zur Pralinenherstellung
Am Klosterwald 659, 6100 Seefeld
Tel: +43 (0) 699-10 19 31 50
Fax: +43 (0) 5212-505 29
www.mannis-laden.com

Hotel Sacher Wien
Philharmonikerstr. 4, 1010 Wien
Tel: +43 (0) 1-51 45 60
Fax: +43 (0) 1-51 45 68 10
www.sacher.com

Zotter Schokoladen Manufaktur
Bergl 56 A, 8333 Riegersburg
Tel: +43 (0) 3152-55 54
Fax: +43 (0) 3152-55 54 22
www.zotter.at

Schweiz

Max Felchlin AG
Bahnhofstr. 63, 6431 Schwyz
Tel: +41 (0) 41-819 65 65
Fax: +41 (0) 41-819 65 70
www.felchlin.com
(kein Online-Shop)

Nestlé
www.nestle.com
(kein Online-Shop)

Confiserie Sprüngli
Bahnhofstr. 21, 8022 Zürich,
Tel: +41 (0) 44-224 47 11
Fax: +41 (0) 44-224 47 37
www.spruengli.ch

Suchard, Toblerone, Milka
www.kraft-foods.de
(kein Online-Shop)

Confiserie Teuscher
Storchengasse 9, 8001 Zürich
Tel: +41 (0) 44-211 51 53
Fax: +41 (0) 44-212 29 58
www.teuscher.com

Spanien

Blanxart
Tambor del Bruc, 13, 08970 Sant Joan Despí (Barcelona)
Tel: +34 (0) 93-373 37 61
Fax: +34 (0) 93-373 17 48
www.blanxart.com
(kein Online-Shop)

Adressen

Cacao Sampaka
Consell de Cent, 292, 08007 Barcelona
Tel: +34 (0) 93-272 08 33
Fax: +34 (0) 93-487 26 23
www.cacaosampaka.com
(kein Online-Shop)

Chocovic
Ctra Nacional 152a, Km. 71,3
08503 Gurb (Barcelona)
Tel: +34 (0) 938-86 33 33
Fax: +34 (0) 938-86 34 78
www.chocovic.es
(kein Online-Shop)

Enric Rovira
Sant Geroni 17,
08296 Castellbell i el Vilar
Tel: +34 (0) 93-834 09 27
Fax: +34 (0) 93-828 23 45
www.enricrovira.com
(kein Online-Shop)

Valor
Pianista Gonzalo Soriano, 13, Aptdo. 5
03570 Villajoyosa (Alicante)
Tel: +34 (0) 965-89 09 50
Fax: +34 (0) 965-89 46 97
www.valor.es
(kein Online-Shop)

Übersee

Garoto – Brasilien
www.garoto.com.br

Ibarra – Mexiko
www.chocoibarra.com.mx

Ghiradelli – USA
www.ghirardelli.com

Hershey's – USA
www.hersheys.com

Oreo – USA
www.nabiscoworld.com/oreo/

Scharffen Berger – USA
www.scharffenberger.com

MUSEEN

Schokoladenmuseum Köln
Am Schokoladenmuseum 1a,
D-50678 Köln
Tel: +49 (0) 221-931 88 80
Öffnungszeiten: Di–Fr 10–18 Uhr
Sa/So/Feiertags 11–19 Uhr
www.schokoladenmuseum.de

Rausch Schokoland
Wilhelm-Rausch-Str. 4, D-31228 Peine
Tel: 0800-011 22 00
Öffnungszeiten: Mo–Fr 10–18 Uhr,
Sa 10–16 Uhr, So 12–17 Uhr,
an Feiertagen geschlossen
www.rausch-schokolade.de/schokoland

Ritter Sport Museum
Alfred-Ritter-Str. 27, D-71111 Waldenbuch
Tel: +49 (0) 7157-977 04
Öffnungszeiten Schokoausstellung:
Mo–Fr 8–18.30 Uhr, Sa 9–18 Uhr,
Sonn- und Feiertage 11–18 Uhr
www.ritter-sport.de

Musée du Cacao et du Chocolat, Belgien
Rue de la Tête d'Or, 9/11, B-1000 Brüssel
Tel: +34 (0) 2-514 20 48
Öffnungszeiten: Di–So 10–16.30 Uhr,
Juli und August auch Montags geöffnet
www.mucc.be

Les Secrets du Chocolat, Frankreich
und **Die Schokoladenstrasse Elsass**
Parc de la Porte Sud, F-67118 Geispolsheim
Tel: +33 (0) 388-55 04 90
Öffnungszeiten: Di–Sa 9–19 Uhr,
Sonn- und Feiertage 14–19 Uhr
Im Januar: Mo + Di geschlossen,
Mi–Fr 14–18 Uhr, Sa + So 14–19 Uhr
www.musee-du-chocolat.com

Perugina Museo Storico, Italien
Via Pievola, I-06143 San Sisto, Perugia
Tel: +39 (0) 75-527 67 96
Öffnungszeiten: Mo–Fr 9–13 und
14–17.30 Uhr
www.perugina.it

Schoko Land Alprose, Schweiz
Via Rompada 36, CH-6987 Caslano-Lugano
Tel: +41 (0) 91-611 88 88
Öffnungszeiten: Mo–Fr 9–17.30 Uhr,
Sa + So 9–16.30 Uhr
www.alprose.ch

Chocolates Comes, Spanien
Calle Sant Josep, 29, E-46410 Sueca
(Valencia)
Tel: +34 (0) 96-170 19 42
www.chocolatescomes.com

Museu de la Xocolata, Spanien
Carrer del Comerc, 36, E-08003 Barcelona
Öffnungszeiten: Mo–Sa 10–19 Uhr,
So 10–15 Uhr, Dienstags geschlossen
www.pastisseria.com

Hershey's Chocolate World, USA
www.hersheys.com/chocolateworld/

Die Liste bietet eine Auswahl an interessanten Adressen, erhebt aber keinen Anspruch auf Vollständigkeit. Adressen von Filialen und Öffnungszeiten sowie Eintrittspreise der Museen bitte direkt erfragen.

RESTAURANTS DER SPITZENKÖCHE

„elBulli" – Ferran Adrià
Cala Montjoi, Ap. 30
E-17480 Roses, Spanien
Tel: +34 (0) 972-15 04 57
Fax: +34 (0) 972-15 07 17
www.elbulli.com

„Victor's Gourmet-Restaurant
Schloss Berg" – Christian Bau
Schlosshof 7-9, D-66706 Perl-Nennig
Tel: + 49 (0) 6866-791 18
Fax: +49 (0) 6866-794 58
www.schlossberg-nennig.de

„Jägerhof" – Vreni Giger
Brühlbleichestr. 11
CH-9000 St. Gallen, Schweiz
Tel: +41 (0) 71-245 50 22
Fax: + 41 (0) 71-245 26 12
www.jaegerhof.ch

„Margaux" – Michael Hoffmann
Unter den Linden 78, D-10117 Berlin
Tel: +49 (0) 30-22 65 26 11
Fax: +49 (0) 30-22 65 26 12
www.margaux-berlin.de

„Dorint Söl'ring Hof" – Johannes King
Am Sandwall 1, D-25980 Rantum/Sylt
Tel: +49 (0) 4651-83 62 00
Fax: +49 (0) 4651-836 20 20
www.soelring-hof.de

„VAU" – Kolja Kleeberg
Jägerstr. 54/55, D-10117 Berlin
Tel: +49 (0) 30-202 97 30
Fax: +49 (0) 30-20 29 73 11
www.vau-berlin.de

„Lea Linster Cuisinière" – Lea Linster
17, route de Luxembourg,
L-5752 Frisange, Luxemburg
Tel: +352 (0) 23-66 84 11
Fax: +352 (0) 23-67 64 47
www.lealinster.lu

„Poletto" – Cornelia Poletto
Eppendorfer Landstr. 145,
D-20251 Hamburg
Tel: +49 (0) 40-480 21 59
Fax: +49 (0) 40-41 40 69 93
www.poletto.de

Restaurant „44" – Tim Raue
Im Swissôtel Berlin am Kurfürstendamm
Augsburger Str. 44, D-10789 Berlin
Tel: +49 (0) 30-220 10 22 88
Fax: +49 (0) 30-220 10 22 22
www.restaurant-44.de

„Solé Graells" – Christiano Rienzner
Oranienplatz 2, D-10999 Berlin
Tel: +49 (0) 30-61 65 11 65
www.sole-graells.com

„Das Speisezimmer" – Sarah Wiener
Chausseestr. 8 (im Innenhof),
D-10115 Berlin
Tel: +49 (0) 30-70 71 80 20
Fax: +49 (0) 30-70 71 80 19
www.sarahwiener.d

Anhang

LISTE DER REZEPTE

ABKÜRZUNGEN

El	Esslöffel
Tl	Teelöffel
g	Gramm
l	Liter
cl	Zentiliter (1 cl = 0,01 Liter)
ml	Milliliter (1 ml = 0,001 Liter)

DANKSAGUNG

Unser Dank gilt vor allem Pierre Boom, ohne dessen Engagement in Text- und Bildredaktion dieses Buch nicht zustande gekommen wäre. Der Grafikerin Annette Conradt für ihre Begeisterungsfähigkeit und die zusätzlichen Kilojoule an Schokolade. Johannes King für seinen Glauben an das gute Essen und die Köche, ob mit oder ohne Stern. Christiano Rienzner und Monika Neubacher für die unerwartet mühevollen Korrespondenzen nach Spanien und die Beratung in kulinarischer Form; Klaus Möhle vom Victor's Residenz-Hotel Schloss Berg für seine Qualitäten als perfekter Gastgeber. Birgitta Quendler für die vinophilen Ratschläge und ihr Fachwissen zum Thema Wein und Schokolade. Thomas Hensel für den Übermut zum Portwein. Den Firmen Fassbender & Rausch, Zotter, In't Veld, Gölles, Confiserie Sprüngli und Max Felchlin sowie Jörg Lay von Cacao Sampaka, Berlin, für die Unterstützung der fotografischen Produktion. Josef Zotter für seine Einführung in die Physiologie der Schokolade, Jaqueline Vinzelberg für ihre Kontakte in die Schweiz und insbesondere Sepp Schönbächler für die persönliche Erläuterung der Verarbeitung von Schokolade. Des Weiteren danken wir Tim Raue, Lea Linster, Christian Bau, Cornelia Poletto, Kolja Kleeberg, Vreni Giger, Michael Hoffmann, Sarah Wiener und Ferran Adrià.

LebensArt – die Buchreihe für Genießer

Espresso – Kultur und Küche

Köstlich-bitter mit unwiderstehlichem Aroma – eine Hommage an das Lebenselixier mit köstlichen Rezepten, Literaturzitaten und informativen Texten.
ISBN 978-3-7750-0449-7

Scotch – Wasser des Lebens

Von Single Malts und Blends, Cask strength, Master Blendern und der unglaublichen Vielfalt schottischer Genüsse.
ISBN 978-3-7750-0487-9

Grappa – Kultur und Lebensart

Grappa, atmosphärisch aufbereitet: Geschichte, Herstellung, Philosophie, raffinierte Rezepte und berühmte Marken.
ISBN 978-3-7750-0317-9

Tee – Kultur & Genuß

Er belebt die Sinne und erfrischt. Teegenuss in seiner schönsten Form mit beflügelnder Poesie oder Prosa und mit einer Sammlung exquisiter Rezepte.
ISBN 978-3-7750-0450-3

Portwein – Kultur und Genuss

Kultur und Genuss dieses Zaubermittels aus dem Dourotal, das auf Flaschen gezogene Sonne und flüssige Lust ist. Mit Warenkunde und außergewöhnlichen Rezepten.
ISBN 978-3-7750-0339-1

HÄDECKE

Weitere Informationen über unsere Genussbücher erhalten Sie kostenlos beim:
Walter Hädecke Verlag
Postfach 1203
71256 Weil der Stadt b. Stuttgart
Deutschland
Telefon +49(0) 70 33 - 13 80 80
Fax +49(0) 70 33 - 13 80 813
E-Mail info@haedecke-verlag.de